〈シリーズ監修〉二村 健

ベーシック司書講座・図書館の基礎と展望 6

図書館サービス概論

平井歩実 〈編著〉
二村 健

学文社

〈ベーシック司書講座・図書館の基礎と展望〉 緒　言

　本シリーズは，新しい司書課程に照準を合わせて編纂した。周知のように，平成20年6月11日，図書館法が改正，ただちに施行された。そのなかで，第5条だけが平成22年4月1日の施行となった。当然，22年から新しい司書課程を出発させなければならないと考え，諸準備に没頭した。しかし，実際に蓋を開けてみると，さらに2年先送りされ，全国的な実施は平成24年からとされたのである。私の所属する大学では，すでにさまざまな準備に着手していたので，旧法の下で，新しいカリキュラムを実施することを選んだ。つまり，全国より2年先駆けて司書課程を改訂したのである。

　もちろん，そのためのテキストはどこにもなく，最初の授業は板書とプリントでおこなった。このシリーズの各巻には，実際に授業をおこなった試行錯誤が反映されている。授業の羅針盤は，図書館界に入った多くの卒業生の存在である。この実績が私たちの支えである。

　この間，これからの図書館の在り方検討協力者会議では，議論の末，司書課程の位置づけが変わった。これまでの司書課程は，現職の図書館員に資格を与えることを目的に，司書講習で講述される内容と相当な科目を開設している大学で，司書資格を与えることができるとされていた。新しい司書課程の位置づけは，図書館員としての長い職業人生（キャリア・パス）の入り口を形成するというものである。大学生は社会人未満である。社会人である現職図書館員との違いをどこにおくか，これが新しい司書課程の核心である。

　その違いをシリーズ名に表したつもりである。これからの司書課程では，キャリア・パスの入り口を形成するための基礎・基本の講述が重要である。何よりも図書館の意義を理解し，図書館を好きになってもらわなければならない。その後に，図書館員としての長い職業人生が待っている。そして，それに向けての展望がなければならない。以下に本シリーズの特徴を記す。

- ●**内容の厳選**：これまでの司書課程の教科書は，現職者向けという性格上仕方がなかったが，とにかく内容が高度であり，詰め込みすぎた観がある。それを，3月まで高校生であった新入生にもわかりやすい内容にまとめることをめざした。そのため，できるかぎり，内容を厳選する必要があった。どれも大事に思えたなかで，何を削ぎ落とすかで非常に悩んだ。新しい研究成果を取り込むのは当然としても，これに振り回されて総花的になることは避けたかった。普遍性のあるものは，古いものでも残すことにし，温故知新を大事に考えた。
- ●**1回の授業＝1章**：最近の大学では授業を15回きちんとおこなうことが徹底されている。そこで，本シリーズも15章立てにし，1回の授業で取り上げる内容を1章に記すことにした。実際の授業は，受講者の反応をみては重要なポイントを繰り返して説明したり，ときには冗談を言ったりしながら進む。90分間で講述できることは思った以上に少ない。参考になったのが，放送大学のビデオ教材を制作したことである。本シリーズでは，放送大学の教科書よりは，

さらに文字数を少なめに設定した。その分，担当教員の工夫次第で，確認小テストをしたり，ビデオや写真などを利用して授業が進められるよう，余裕をもたせた。

- **将来を見据えた展望**：多くの大学では，15回目の授業を試験に当てることがおこなわれている。そこで，各巻の最後の章は，その分野の展望を記すことにした。展望とは，今後どうなっていくかの見通しである。あるいは，未来予測に属することが含まれ，予測ははずれることもあるかもしれないが，できるだけ新しい話題を盛り込んだつもりである。シリーズ名の意図をはっきりさせるためでもある。
- **わかりやすい図表**：直感的にわかるように，図表を豊富にいれることを各執筆者にお願いした。図表も大きく見やすく掲載できるように，判型も通常の教科書に多いA5判ではなくB5判を採用した。
- **豊富な資料**：実際の授業では，教科書のほかに，教員がプリントを配布したり，パワーポイントのスライドで補足したりと，さまざまである。教科書といいながら，『図書館法』の全文すら資料として掲載していないものがあるのは，どこか違うと思っていた。そこで，できるだけ，教員がプリントを作らなくてもすむように，資料集を充実させることに努めた。
- **参考文献**：これからの司書課程は，図書館員としてのキャリア・パスの入り口を形成するものである。平成20年の図書館法改正で明記されたが，図書館員になっても，研修会に参加するなど，各自の務めとして研鑽を積む必要がある。内容を精選した分を，参考文献を読んでいただくことによって，補えるように配慮した。参考文献は入手可能という点を第一に考えた。
- **自宅学習のための設問**：90分の授業に30分の自宅学習，併せて2時間が1コマの学習である。そのため，各章ごとに設問を2問程度用意した。このことにより，通信教育の学生にも利用していただけると思う。

本シリーズは，文部科学省令に規定された全ての科目を網羅するものではない。不足の部分は，他の専門家の学識に委ねたい。不完全ながらも，本シリーズが日の目を見ることができ，シリーズ各巻の執筆者に深甚なる謝意を表する。このシリーズがわが国の司書養成に役立つことを願うのみである。

平成23年6月6日

二村　健

第 6 巻 『図書館サービス概論』 巻頭言

　日本の「図書館サービス」は，利用者に図書を提供するにあたり，館内閲覧から館外貸出を重視するようになった 1960 年代・1970 年代以来大きく変化・発展してきた。

　現在の公共図書館は「すべての人に図書館サービスを」「地域の情報センターとして」という理念のもと，利用者に役立つことを第一義に考え，どこでも同じサービスを提供すると同時に，それぞれの地域の特性をふまえた多様なサービスを展開している。

　他方，図書館にあまりなじみのない利用者のなかには「図書館とは無料で本を貸してくれるところ」という印象を変わらずもち続けている方々も少なくないのが実情である。

　本書『図書館サービス概論』は，現在の多様な図書館サービスについて，その基本精神をふまえつつ，基盤となる制度や仕組みを知り，具体的に理解することを目的としている。

　本書が，そのための基本テキストとして活用されることを願ってやまない。

　本書は『図書館の基礎と展望シリーズ』として刊行される最後の巻となる。本書の企画から刊行にいたるまで数年を費やすことになり，早々にご寄稿いただいた執筆者の面々，出版にご尽力いただいた学文社，また，本書の出版を心待ちにしていただいた多くの読者には，ただただ陳謝するのみである。この責はひとえに編集担当者の小生にある。

　この間，執筆者の一人である小林卓氏が，本書の出版を待たずして永眠なされた。返すがえすも無念のいたりである。氏はこの分野の第一人者であり，ぜひとも，ご寄稿いただいた原稿をそのまま掲載したいと考え，ご遺族に相談申し上げたところ，ご快諾をいただいた。この場を借りて深甚なる謝意を表すとともに，氏のご冥福を心よりお祈りする。

　最後に，本シリーズを通して，快く取材に応じてくださった図書館関係者の方々，また，写真撮影にご協力いただいた多くの図書館に御礼申し上げる。

平成 30 年 1 月

平井　歩実

目　次

シリーズ緒言　1
第6巻『図書館サービス概論』巻頭言　3

第1章　図書館サービスの考え方と構造 …………………………………………… 6
1．図書館サービスの考え方（6）　2．図書館サービスの源泉（6）　3．蔵書構成と図書館サービスの領域（8）　4．図書館サービスの構造（8）　5．対象別の図書館サービス（9）

第2章　図書館サービスの変遷 …………………………………………………… 12
1．図書館法（1950）から『市民の図書館』（1970）へ（12）　2．『中小都市における公共図書館の運営』（中小レポート）から日野市立図書館へ（13）　3．図書館サービスの展開（15）

第3章　資料提供サービスの基本 ………………………………………………… 18
1．公共図書館における資料提供サービスの変遷（18）　2．「要求に応える」サービスの実現（19）　3．資料提供サービスの進化と課題（21）

第4章　図書館の機能と図書館サービス ………………………………………… 24
1．図書館の機能と図書館サービス（24）　2．情報提供の形態（25）　3．情報提供の機能（26）　4．図書館における情報発信（27）

第5章　図書館サービスの連携・協力 …………………………………………… 30
1．連携・協力の考え方（30）　2．図書館ネットワークの形態（31）　3．図書館サービスの連携・協力の事例（32）　4．図書館以外の組織との連携・協力（34）

第6章　課題解決支援サービス …………………………………………………… 36
1．一般的な市町村立図書館の状況（36）　2．課題解決支援サービスの出現（36）　3．課題解決支援サービスの多様化（38）　4．課題解決支援サービスの意義（40）

第7章　障害者サービス(1)　基本的な考え方と著作権法 …………………… 42
1．「障害」のとらえ方と障害者サービス（42）　2．著作権法の改正と「障害者の権利に関する条約」「障害者差別解消法」（43）　3．対面手話や手話の本の要求（46）

第8章　障害者サービス(2)　さまざまな図書館利用の障害とその克服 …… 48
1．物理的，制度的な障害（48）　2．情報摂取，資料をそのままでは利用できないという障害（48）　3．コミュニケーションや情報発信の障害（52）

第9章　高齢者サービス …………………………………………………………… 54
1．高齢者へのサービス（54）　2．高齢者全体に対する施策（55）　3．活動的な高齢者への施策（56）　4．要介護などの高齢者への施策（57）

第10章　多文化サービス／矯正施設と図書館サービス ……………………… 60
1．多文化サービス（60）　2．矯正施設と図書館サービス（63）

第11章　コミュニティサービス ………………………………………………… 66
1．コミュニティサービスとは（66）　2．コミュニティサービスの事例（68）　3．地域のポータルサイトをめざして（69）

第12章　図書館サービスと著作権 ……………………………………………… 72
1．法律用語の「著作物」とは「創造的に表現された作品」のこと（72）　2．「著作者」が

「著作者人格権」と「著作権」をもつ（73）　3．著作者人格権（73）　4．著作権（財産権）（73）　5．著作権法で保護されない著作物（74）　6．著作権処理（74）　7．著作権処理を必要としない条件（75）　8．図書館サービスにかかわる著作権（76）

第13章　利用者に対する接遇・コミュニケーション，広報 …… 78
1．初めての来館者（78）　2．利用者に対する接遇（79）　3．図書館におけるコミュニケーション（80）　4．利用者への広報（81）　5．図書館における留意点（84）

第14章　図書館利用者の変化 …… 86
1．インターネットの登場と図書館（86）　2．新しい世代の台頭（86）　3．新しい世代の情報行動（87）　4．読書革命（88）　5．図書館の対応（90）

第15章　図書館サービスの展望 …… 92
1．図書館サービスの課題（92）　2．図書館サービスの将来的展望（94）　3．新しい図書館サービスの創案（94）　4．技術革新と図書館サービス（97）

巻末資料 …… 100

1　米国図書館協会蔵書構成政策（100）

2　『これからの図書館像』における課題解決型図書館の記述（100）

3　障害を理由とする差別の解消の推進に関する法律（100）

4　五十音式指文字一覧表（103）

5　指点字一覧表（パーキンス式）（104）

6　第52回国際図書館連盟東京大会多文化社会図書館館サービス分科会および全体会議決議（105）

7　刑事収容施設及び被収容者等の処遇に関する法律（一部）（105）

8　著作権法（抄）（106）

9　神奈川県寒川町立図書館カウンターマニュアル（抄）（110）

索　引 …… 120

図書館サービスの考え方と構造

　図書館とは施設・建物ではなくサービスである。この章では、「図書館サービス」そのものの理解からはじめ、どのような範囲にわたるのか、どのような特徴をもつのか、すなわち、図書館サービスの源泉、領域、構造について概説する。

第1節　図書館サービスの考え方

　サービス（service）とは何か。あるいは、図書館サービス（library service）という場合のサービスとは何か。身の回りにはサービスという言葉を頻繁にみかける。サービス特価、サービスポイント、送迎サービス、窓口サービスなど。何かというとプラスαの利益または恩恵を与えることをサービスといっているようである。一方で、対価を求めるサービスやお仕着せのサービスもある。サービス業とは一般に、「物を直接生産しない代わりに、生産者・消費者のために必要な便益を提供すること」（『新明解国語辞典』）をいい、これを生業とするのが金融・商業・交通・通信・教育・公務・医務・自由業などの分野である。サービス業といわれる職に就いている人々は「サービスすることが仕事」なのであり、これが月々の給料の源泉である。

　「行政サービス」という言葉は不思議な言葉である。行政サービスは、普通、対価を徴収しない（わずかな手数料を要求される場合もある）。ならば、人々は無償で奉仕を受けているのかというと、そうともいえない。人々は税金というかたちでサービスの対価を前納していると考えることもできる。行政の担い手は公僕といわれる公務員である。「僕」は「召使い・下男」を優雅に表現したもので、本来的にサービスをする立場にある人々である。ほかのサービス業と同様、サービスすることが仕事であり、給料の源泉であることに変わりはない。

　図書館は税金で経営されるので、「図書館サービス」という場合のサービスは、もちろん、「行政サービス」の一環と考えられる。しかし、図書館サービスには、通常のサービス業とは同列に語れない奥深いものがあるように思う。私たちがサービスを受けたと感じるのは、期待以上の何がしかの恩恵を感じたときである。図書館サービスはこの領域に踏み込んでいるように思う。ここでは、図書館のサービスを、あえて、「人が人に対しておこなうもので、金銭などの見返りを求めず、この人が喜ぶことをしてあげたいという気持ちからおこなう奉仕」としておきたい。

第2節　図書館サービスの源泉

　人々は、何を期待してわざわざ図書館に足を運ぶのだろうか。「本がタダで借りられるから」というのが大方の頭に浮かぶ解答であろう。ここで考えてみよう。本が入手できれば図書館には

行かないのだろうか。もちろん，そういう人もいるだろう。書店に行けば，わずかコーヒー4～5杯分の支出で自分のものにできる。自宅で，電車内で，公園のベンチで心おきなく読書ができる。

本（を代表とする図書館情報資源）	恩恵 ➡	利用者
建物（施設・設備）	恩恵 ➡	
人（であるところの図書館員）	恩恵 ➡	

図1-1　図書館の三大構成要素

　それでも，人々は図書館に行く。普通，私たちは，何らかの恩恵が期待できなければ，面倒な行動は起こさない。図書館に行くのは，「本がタダで借りられるから」というだけではなさそうである。私たちが図書館から得られる恩恵とは何であろうか。ここで少し分析してみよう。

　図書館の三大構成要素を思い出してみよう（本シリーズ第1巻参照）。図1-1は，図書館利用者が図書館の三大構成要素のそれぞれから何らかの恩恵を得ていることを表している。

a．本から得られる恩恵

　本から得られる恩恵は，不明であったものを明らかにしたり，知識を増やしたり，判断や行動など意思決定の基本的要素として働いたり，読書の楽しい時間をすごしたり，新しい着想を得たりなどがあげられる。しかし，これらは本そのものから得られる恩恵なのであって，必ずしも図書館という「場」に限定されるものではない。図書館の意義は，一冊一冊の本がただそこにあるのではなく，数多くの，そして，あらゆる分野の本がまとまって，そこにあることに意義がある。

　図書を大規模に集合させているだけでなく，常に最新の図書や雑誌を受入れ，主題ごとに配架し，目録をつくり，人々が求める本が手にしやすくなっている（いわば組織化をおこなっている）。これが，人々が図書館に足を運ぶ理由の1つである。

　図書館が本を扱う施設であればこそ，本から得られる恩恵が図書館の恩恵である。

b．建物から得られる恩恵

　米国の立志伝中の人物アンドリュー・カーネギー（Andrew Carnegie, 1835-1919）は，13歳の若さで仕事に就き，事業者として成功を収めた人生を振り返り，たくさんの図書館をつくって社会に恩返ししようとした[1]。その数2509館にのぼり，米国内だけでなく，英国，豪州にも及んだ[2]。これらはカーネギー図書館と呼ばれ，大理石の堂々とした威容は，地域のランドマークとして機能した。図書館が人々の地域コミュニティーへの誇りと愛着の源泉であった時代があった。現代でも，このような視点から図書館づくりを考える発想がある[3]。

　現代人は他人との濃密なかかわりを嫌う反面，孤独にも弱いという二面性を有している。自宅に独り閉じこもっていても，いつかは，人混みのなかにでかけたりする。人間はやはりどこか人恋しいのである。その点，コーヒーハウスは便利である。そこには，まったく知らない他人がいるが，決して自分には干渉してこない。図書館の空間と似ている。かくして図書館コーヒーハウス論が唱えられる[4]。図書館は学習者同士が集う学習の場であるといえる。図書館には誰か人がいるが，閲覧席の約60cm四方だけは他人が入り込んでこない自分だけのスペースである。重要なことは，学習の場であるにもかかわらず，学習は管理されておらず，自己選択・自己管理の場

であるということである。

　本がたくさんあると，もっと知りたい，もっと読みたいと思う。書架に並んだ背表紙を見ているだけで，世界が広がっていく気がする。多くの図書館では，書架は書架分類によって構成されている。同じ主題の図書は同じ場所に集められ，隣接領域の図書は近接した場所におかれる。書架を眺めると，（その図書館が収集した）知識の中身と広がり，言い換えれば，外延と内包が把握できる。このことは，初学者にとっては重要な学習上の効果をもつだろう。

　こうした空間から得られる恩恵を，本シリーズ第1巻では，「場の演出機能」と表現している。

c．図書館員から得られる恩恵

　2016（平成28）年の流行語大賞[5]は「神っている」だった。「神対応」という言葉も同じくらい聞かれた。図書館員の対応がこの言葉にぴったりだと思うことがある。本シリーズ第1巻第12章には図書館員をめぐるいくつかのエピソードが収録されているが，まさに図書館員は対価を求めるサービス業とは異なる神がかった対応をしてくれると思わせることがある。この対応はライブラリアンシップに由来する。本章第1節の図書館サービスの定義を今一度読み直してほしい。

　図書館員は，利用者が何かについて知りたいと欲すれば，参照すべき資料をすぐ取り出してくれる。そういうことを日々の仕事とし，また，そういう訓練を積んでいる。利用者の求めるところを洞察し，先回りして資料を準備しておくのも仕事である。自らは脇役であり，主役は利用者であることをわきまえ，利用者の幸福のために仕事をしているという自覚がある。このような姿勢が，ときに神がかった対応を現出させるのである。

第3節　蔵書構成と図書館サービスの領域

　図書館サービスは，多くの場合，図書館が収集した図書館情報資源を通じておこなわれる。したがって，図書館サービスの範囲を決定づけるのは，どのような資料をどれくらい収集しようとするかという蔵書構成政策（collection development policy, CDP）を反映したものとなる。これらは，具体的には図書館ごとの資料収集方針とか，また，資料選定基準といった形で記述される。表1-1は，米国図書館協会（ALA）のCDP作成のためのガイドライン（巻末資料1）を参考に，利用者の要求領域という視点から区分けしたものである。図書館は，要求領域ごとに蔵書の厚みをレベル分けして準備しておく必要がある。これをいいかえると，あらかじめ選書の段階でサービスの及ぶ範囲を決定しておくということである。CDPが図書館全体のサービスポリシーの核となる。

第4節　図書館サービスの構造

　図書館サービスは，資料の収集・組織化・保存を扱うテクニカルサービス（technical service, 間接サービス）と，利用者への対応に関係するパブリックサービス（public service, 直接サービス）とに分けて考えることができる（図1-2）。

表 1-1　蔵書構成にかかわる利用者の要求領域

要求領域（レベル）	説　明	対　応
研　究	きわめて高度な学術的体系的な問題解決ニーズ	学術書・学術雑誌の収集が中心となる。
創造・着想	発明・起業のアイデアなどを求める	あらゆる事柄がヒントになるので，収集すべき資料の明確なターゲットは決めがたい。
課題解決	市民のかかえる日常的な課題の解決	地域社会の特徴・固有性を考慮してコーナーを設置。市販の図書ばかりではなく，パンフレット類（インフォーメーションファイル）なども整備する。
情報入手	断片的な情報取得要求	レファレンスサービスによって提供可能。レファレンスツールの充実。また，新聞，情報誌の配備など。
自己啓発	自らを向上させたいという欲求	自己啓発本は世のなかに多数出版されているので，信頼のおけるものを選ぶ必要がある。
読書習慣醸成	子どもたちの読書への興味・関心を呼び覚ます	発達段階に応じた対応。ストーリーテリング，読み聞かせ，ブックトークなど。
情報探索習得	自分で情報を探せるようになりたいという要求	レファレンス資料の使い方，OPAC の利用の仕方などの指導，パスファインダーの作成など。
レクリエーション	読書の楽しみを満喫したいという要求	小説・趣味の本あるいはノンフィクションなど，世界観の明確な図書の収集。
時間消費	暇つぶしに図書館にくる	軽読書のための図書，視聴覚コーナーの充実など。
無目的	何となく図書館にくる	図書館利用につながる仕掛けを用意。座り心地のよい椅子，家具・調度品，雰囲気づくり。掲示・サイン・ポスターなど。

a．テクニカルサービス

　テクニカルサービスは，間接的に図書館利用者対応につながる業務であり，資料（図書館情報資源）の組織化（主題目録作業・記述目録作業など）にかかわるものである。図書館員にとって組織化に関する知識はパブリックサービスを円滑におこなっていくためにも重要なものである。

```
テクニカルサービス …資料への対応
  主題目録（件名・分類）作業・記述目録（目録・データベース作成）作業など
パブリックサービス …利用者への対応
  貸出・レファレンスサービス・ILL などの手続き
```
図 1-2　テクニカルサービスとパブリックサービス

b．パブリックサービス

　パブリックサービスは，利用者に対する，直接的な資料・情報の提供にあたるものであり，閲覧，貸出，レファレンスサービス，文献複写，ILL（Inter-Library Loan，図書館間相互貸借），集会・行事などが基本的な要素である。それぞれのサービス形態については後章で詳述する。

第5節　対象別の図書館サービス

　公共図書館のサービス対象について，利用者のライフステージ別に，児童サービス（children's service），ヤングアダルト（young adult，以下，YA）サービス，成人サービス，高齢者サービス（service to the aging, silver service）などに分けて考えることができる（図 1-3）。

a．児童・YAサービス

児童やYAに対しては，発達段階や読解力がどのような段階にあるかによって，それぞれにふさわしい形態・記述レベルの資料提供サービスがおこなわれる必要がある。また，成長途上にあることを考慮し，発達段階に応じた資料提供だけでなく，「おはなし会」(story hour)，「ストーリーテリング」(story telling)，「ブックトーク」(book talk) などの集会・行事活動によるサービスが提供される必要がある。

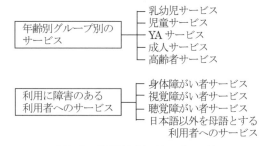

図1-3　利用対象別のサービスの例

YAに該当する10代前半〜後半の年齢層の利用者に対しては，将来の進路決定に有効な情報を提供するようなサービスや，心理的な成長につながるような資料提供がなされている。また，趣味の領域でも多様な要求をもつようになる段階であり，総合学習や教科での学習のための資料提供などへの対応が優先される学校図書館での資料提供とは異なる方向性で，公共図書館でのYAサービスが検討される必要がある。

b．成人サービス

成人向けのサービスとしては，近年，『これからの図書館像』[6]でもふれられている「課題解決支援サービス」が注目されている。一方，成人でも，趣味，娯楽のために図書館を利用している利用者は多いと考えられ，その点にも注意が払われる必要がある。

c．高齢者サービス

高齢者に対しては，その年齢集団の興味・関心に対応した資料を提供することが必要だが，身体的機能や視力の衰え，加齢からくる体調不良など，それまでの人生では体験しなかった状況に直面している利用者の状況も，図書館サービスの検討の際には意識に入れる必要がある。

d．障害者サービス

図書館利用に障害[7]のある人々へのサービスとしては，身体的な障がい（視覚障がい・聴覚障がい・肢体不自由など）のケースでは，図書館への来館が困難であることが予想され，資料の配送サービスなどが有効となる。図書館資料は視覚によって利用されるものが多く，その点に障がいがあると通常の印刷資料などは利用できないため，特別に開発された資料の提供が必要となる。点字資料は，生涯の途中で視力に障がいが生じた場合，高速な読み取りが不可能なケースもある。録音図書DAISY (Digital Accessible Information SYstem)[8]などの機材によるサービスの提供も必要となっている。聴覚障がいの利用者は，DVDなどの視聴覚資料利用に不自由を感じることが予想され，字幕入りの資料提供などが検討される必要がある。また，カウンターには，筆談の道具を準備したり手話などの対応が可能な職員を配置したりするのが望ましい。ほかにも，心理的な障がいや，知的障がい・学習障がいなど，個別のケースに応じた対応が求められる。

e．多文化サービス

日本語以外の言語を母語とする利用者に対しては，日本語を習得して，社会に適応する力を身

につけるための資料とともに，出身国の情報や母語で書かれた資料の提供もおこなわれることが望ましい。

　こうしたグループに対するサービスは，サービスを享受する人数に対してコストは高くつくが，基本的な権利保障の観点からも，ほかのグループと差のつかないレベルの図書館サービスが提供されるよう検討していく必要がある。外国人司書の配置も今後の検討課題といえよう。

設問

(1) 文字の読み取りができない乳児に対して，どのような図書館サービスが提供できると考えられるか。具体的な例をあげて説明しなさい。
(2) 図書館利用に障害のある利用者グループへのサービスが必要である理由について，900字程度で述べなさい。

参考文献
1. 岡本真・森旭彦『未来の図書館，はじめませんか？』青弓社，2014年
2. 高橋文夫『本の底力　ネット・ウェブ時代に本を読む』新曜社，2014年

注）
1) カーネギーはスコットランドのダンファームリン（Dunfermline, Scotland）に生まれた。11歳で家族とともに米国に移住，13歳から週給1ドル20セントの糸巻き工として働きはじめた。スコットランド時代，父親が職工仲間とともに町に図書館をつくったことを誇りにしていたという。そのため，最初に寄付した図書館はダンファームリンであった。George S. Bobinski, "Carnegie Libraries: their history and impact on American public library development," ALA, Chicago, 1969, pp.8-12. 邦訳：ジョージ・S・ボビンスキー著，川崎良孝，川崎智子訳『カーネギー図書館：歴史と影響』京都図書館情報学研究会，2014年。
2) 1881～1929年までの間にカーネギーの寄付によって建築された。米国のみならず，英国，カナダ，豪州などにも及ぶ。米国内では，1412のコミュニティーに1679館の図書館をつくった。前掲，p.3。この数は当時米国に存在した図書館の40％に及ぶ。
3) たとえば，根本彰『場所としての図書館・空間としての図書館　日本，アメリカ，ヨーロッパを見て歩く』学文社，2015年，p.21など。なお，同書では「場としての図書館」と「場所としての図書館」を区別している。
4) イギリスでは，1650年に最初のコーヒーハウスが開かれたあと発展し，18世紀初頭にピークを迎えた。文人や政治家，学者が出入りし，ジャーナリズムや政治批判，証券取引やさまざまな契約などもコーヒーハウスを舞台におこなわれた。17世紀のロンドンでは，コーヒーハウスは，また，表現の場であり，自分を見せる場であった。アイザック・ニュートン（Isaac Newton, 1643-1727）がデモンストレーションをおこなったのもコーヒーハウスで，大学や学校ではなかった。コーヒーハウスは自学自習の場であり，21世紀の今日にふさわしい教育の場のモデルであるという主張がある。Erica McWilliam, Charlie Sweet, Hal Blythe, Re/*membering Pedagogical Spaces*, Russell G. Carpenter, "Cases on Higher Education Spaces: Innovation, Collaboration, and Technology," Information Science Reference, 2013, p.4.
5) 自由国民社が発行する『現代用語の基礎知識』の読者アンケートのなかからノミネートされ，新語・流行語大賞選考委員会によって決定される。正式名称は「『現代用語の基礎知識』選　ユーキャン新語・流行語大賞」。http://singo.jiyu.co.jp/（'17.10.20現在参照可）。
6) これからの図書館の在り方検討協力者会議『これからの図書館像〜地域を支える情報拠点をめざして〜』（報告），平成18年3月，94p。
7) 本シリーズでは，日本図書館協会の見解をふまえ，図書館利用に障害（すなわちバリアー）があるときは，漢字の「害」を用いるが，身体的な障がいを意味するときは，ひらがなの「がい」を用いる。
8) DAISYに関しては，下記を参照。http://www.dinf.ne.jp/doc/daisy/about/（'17.10.20現在参照可）。

2 図書館サービスの変遷

　本章では，日本の公共図書館サービスについて，図書館法（1950）で「第3条　図書館奉仕」として位置づけられて以降，どのようなかたちで公共図書館の現場で実践されていったのかについて概観する。『中小都市における公共図書館の運営』（1963），日野市立図書館の開館とそのサービスの展開，『市民の図書館』（1970）など，この時代の事象が，現代の図書館サービスとどのようにつながっているのか学んでほしい。

第1節　図書館法（1950）から『市民の図書館』（1970）

a．図書館法と「図書館サービス」

　1950（昭和25）年，図書館法が成立し，その「第3条　図書館奉仕」では，公共図書館が提供していくべきサービス内容が具体的に示された。条文には「郷土資料，地方行政資料，美術品，レコード及びフィルムの収集にも十分注意して，図書，記録，視聴覚教育の資料そのほか必要な資料」とあるように，図書以外の資料の収集も視野に入れた内容となっていた。なお，のちの法改正により，「（電磁的記録（電子的方式，磁気的方式その他人の知覚によっては認識することができない方式で作られた記録をいう。）を含む）」の部分が加えられている。

　資料の分類・排（配）列，目録の整備，図書館職員が相談に応ずる，ほかの図書館との協力・相互貸借，分館などの整備，集会・行事の実施，時事資料の提供，学校や社会教育機関との連携，などからなる8項目が定められた。のちに，法改正により「社会教育学習の学習成果の発表の機会提供」に関する項目がつけ加えられている。

b．1950年代の図書館サービスの特徴

　1950年代の図書館活動では，限られた予算や職員体制の下で，図書館法で示された「図書館奉仕」の内容に関して，その一部に集中して取り組む図書館の試みがみられた。「PTA母親文庫」は，長野県立図書館が取り組んだ活動であり，それは県立図書館の本が，学校や児童の手を通じて，各家庭に届けられるシステムであった。1950年代のメディア状況のなかでは，このような図書館サービス活動が，一定の意味をもっていたといえよう。それは，のちの時代にみられるような，利用者の要求にこたえる資料提供とはいえない面もある。しかし，この活動は，図書館のサービスにより，不読者層を読者層に開拓していこうとするものでもあった。また，読書という行為について，学校を通じた活動とすることで，家庭の婦人が読書することに時間を使うことに対して家庭内での抵抗を少なくするという狙いもあった。同じような読書運動の試みは，各地の図書館でも取り組まれ，図書が図書館の外に出ていく，ということが評価の指標になった。この種の実践によって，利用者の読みたい資料が提供されたとはいえないのではないか，という

批判がおこることが予想される。しかし，それは，のちの時代からみた批判であって，当時の状況のなかでは最善と思われる選択であり，それに多くの図書館が取り組んでいったということである。

1960年代には，図書の出版点数が増加していったのに加えて，週刊誌が創刊され，テレビ放送が開始されるなど，メディアの状況が変化していく。その変化に対応して新たなサービスである，要求にこたえる資料提供が，1960年代後半から，日本の公共図書館で取り組まれていった。ただ，『中小都市における公共図書館の運営』（次節で扱う）には，1950年代の読書普及運動による図書館サービスの影響が入り込んでいると考えられる。

第2節　『中小都市における公共図書館の運営』（中小レポート）から日野市立図書館へ

a．1960年代の図書館サービス

当時の日本図書館協会事務局長有山崧(たかし)(1911-1969)は，1960～1962（昭和35～37）年に，中小公共図書館運営基準委員会を組織した。1963年，その報告書『中小都市における公共図書館の運営』（通称「中小レポート」）が刊行された。「中小図書館こそ公共図書館の全てである」という意識の下で，図書館振興につながる具体的な方向性が示されている。

「中小レポート」では，当時の実態をふまえ，人口約5万人の市の図書館で，蔵書構成について，表2-1のような例をあげている[1]。なお，ここで「館外」とは，「ブックモビルを主として，配本所，貸出文庫，団体貸出に使うものとして計算したもの」である[2]。また，図書の耐用年数について，各カテゴリごとに検討し，数値を示している（表2-2）。

表2-1　「中小レポート」に示された人口5万人での蔵書構成

	館内	館外
参考図書	1,000冊	
小説読物	6,000冊	7,200冊
児童図書	2,500冊	2,400冊
一般読物	8,000冊	2,400冊
計	17,500冊	12,000冊

出典：「中小レポート」p.134

表2-2　「中小レポート」に示された図書の耐用年数

	館内	館外
参考図書	15年	-
小説読物	4年	4年
児童図書	5年	5年
一般読物	10年	5年

出典：「中小レポート」p.167

そして，図書の単価を1962（昭和37）年12月の物価で，参考図書1500円，小説読物400円，児童図書400円，一般図書800円としたうえで，それぞれのカテゴリの資料を，「耐用年数分の1」ずつ更新していく（参考図書は1000冊の15分の1，館内の小説読物は6000冊の4分の1を各年に更新していく）という方針をとり，それを積算して，年間の補充冊数を館内約2870冊，館外約2880冊，計約5750冊として，年間の図書費を262万8000円とし[3]，「この額は現状の日本の中小図書館からみれば高すぎるようにみえる。しかし，人口約5万の奉仕対象に図書館奉仕をいきわたらせるには，これが最低限の額であることを，実地調査の結果確信をもつに至った」[4]とした。

「中小レポート」には「資料提供という機能は，公共図書館にとって本質的，基本的，核心的

なものであり，そのほかのいずれにも優先されるものである」5)と記述されている。一方で，個人への貸出は，「団体貸出について重視」すべきで，「団体貸出は，館員1名の図書館でも実施できる」「個人貸出よりも少ない労力で大きな効果をあげることもできる」「職員も予算も少い［ママ］今の図書館にとっては，個人貸出よりも有効なサービス」6)とも記述されている。当時の状況のなかで，必ずしも「利用者の要求にこたえる」方向性が，一貫して述べられているわけではない。

b．図書館サービスに対する考え方の変化

それが，変化するのは，有山および前川恒雄（1930-）が海外の図書館事情にふれたことが，1つの契機となっている。「中小レポート」の「序」を執筆した有山は，住民の身近なところへ図書館から本を届ける（ただしそれは住民の要求したものではない）当時の日本の図書館サービスについて，ある程度，評価していたと思われるが，海外の図書館状況を視察し，「資料への社会的要求が強く多い場合，住民は自分の要求をハッキリ知っており，それをみたすために自分の手で資料を選ぼうとする。従って，図書館側からの見繕いでは満足しない。自分で図書館にいって選んで借りるか欲しい資料を注文して図書館から送ってもらうかする」7)と述べている。

1963（昭和38）年10月から，6カ月間にわたって，英国の公共図書館現場を視察した前川は，その著書『移動図書館ひまわり号』において，英国での公共図書館長との面談したときのありさまを次のように記述している8)。

「『日本の図書館で，なにか自慢できることはありませんか』
　私は長野県のPTA母親文庫のことを話した。この活動は，PTAの会員を四人一組のグループに分け，一冊の本を一人が一週間で読んで回覧し，一組一ヶ月で他のグループに回すというものである。本は学校から子供が持って帰る。読書普及運動の中でも高い評価をえていた活動である。
　ブライアン氏は私の話を聞いて，根掘り葉掘り質問し，最後に強い口調で言った。
『もしイギリスでそんなことをしたら，母親たちは子供が持ってきた本を窓から放り出すでしょう』」

前川は，さらにこれに続けて，次のように述べている9)。
「イギリスの図書館は求められもしない本を配ったりはしないが，求められた本はかならず提供する。リクエストサービスという制度があり，図書館にない本，あっても貸出中の本でも注文できる。貸出中のものは返ってくると取っておき，リクエストした人に貸す。蔵書にない場合は買うし，買えないような古い本，特殊な本は他の館から借りて提供する。」

イギリスでは，この時点ですでに，リクエスト（購入希望），図書館間相互貸借（ILL）がおこなわれていたことが読みとれる（第3章で詳述）。

c．東京都日野市立図書館の実践

「中小レポート」と，日野市立図書館の実践とは，必ずしも単純に連続しているわけではない。

日野市立図書館の実践は，移動図書館1台の巡回によりサービスを開始し，多くの市民がそれを利用することになり，図書館界に大きな影響を与えた（本シリーズ第1巻も参照）。その原因の1つは，前川が英国で見聞したリクエスト制度を採用したことにあり，また，団体貸出ではなく，個人貸出によるサービスを展開したことは，それ以前の時代とは一線を画するものであった。

その実践をふまえて刊行されたのが，『市民の図書館』[10]（1970）である。このなかでは，「当面の最重点目標」として，表2-3の3点をあげていた[11]。その時点で，めざすべき方向性を具体的に示したものといえる。一方，のちに貸出が増加していった際，図書館は「無料貸本屋」ではないかという批判をまねくことになったが，それに対する反論の根拠となるような考えは，ここではまだ十分に示されているとはいえない。

表2-3 『市民の図書館』が掲げる「当面の最重点目標」

(1) 市民の求める図書を気軽に貸出すこと。
(2) 児童の読書要求にこたえ，徹底して児童にサービスすること。
(3) あらゆる人々に図書を貸出し，図書館を市民の身近に置くために，全域へサービス網をはりめぐらすこと。

出典：日本図書館協会『市民の図書館』1970年，pp34-35。

第3節　図書館サービスの展開

図書館を構成する要素として，資料・施設・職員の3要素があげられることがある。これに沿って考えると，図書館サービスは，資料提供・施設／場の提供・職員とのコミュニケーションによるサービス提供の3者になる。

a．資料提供と図書館サービス

資料提供は，メディアの多様化をうけて，あらたなメディアの提供がすでに数十年前から，実施されてきている。図書館法（1950）において，すでに図書以外の資料の提供が，法律の条文に盛り込まれていることは，一定の先進性を有していることを示している。1950年代の図書館では，映画フィルムを使用した上映会やレコードの鑑賞会などが開催されたとの記録がある。しかし，実際に多くの図書館で利用者サービスとして，レコードの貸出がおこなわれるようになるには，その再生装置が家庭に普及することが前提となっていた。そのため，1970年代半ば以降に，レコードの収集・貸出を実施する図書館が出現しはじめたことになる。1980年代後半には，レコードからCDへのメディア変換が進行したため，図書館では，音声資料のメディアとして，CDを提供することが多くなっていった。

b．メディアの多様化

視聴覚資料としては，1950年代は，フィルムが使用されたが，これは上映にも一定の技術が必要とされ，多くの図書館で提供するまでにはいたらなかった。その後，1980年代半ば以降，ビデオテープが市販され，ビデオデッキが各家庭に普及するようになると，ビデオテープの収集・

提供・貸出が，図書館でも取り組まれるようになっていった。「映画の著作物」といわれるこの種の資料には頒布権が設定されており，メディアはDVDに変化したが，現在でもその著作権法上の扱いは，図書，雑誌，新聞などの印刷資料やCDなどの音声資料とは異なることに，図書館サービスを実施していくうえで注意する必要がある。詳細は，このテキストの後半の部分で扱う。この種の資料の貸出に際しては，いわゆる，「著作権処理済み」（写真2-1）のソフトを使用することになるので，テープを毀損（きそん）した場合や，紛失した場合は，市販の金額以上の賠償金を支払ってもらうことになるという注意を，利用者にわかりやすいかたちで提示しておくことが必要である。

視聴覚資料は，現在の図書館ではビデオテープとDVDが混在している。古くからこの種の資料を収集している図書館では，いまだにテープも存在しているが，新しく購入されて図書館資料に加えられるほとんどの

写真2-1 「著作権処理済み」であることを示すラベル

ものはDVDになっている。ただ，このディスクの様式に複数のものがあるので，再生装置とのマッチングには注意する必要がある。また，新しいサービスとしては，業者との契約により配信を受けて，図書館内のモニターで映像資料を提供するサービスも登場している。

c．図書館施設

施設の利用に関しては，たとえば，自習のために来館した利用者に対して，どのように対応するかについて，各図書館によって，対応が分かれているのが現状である。

1980年代は，「館内での自習はおことわり」という方針をうちだす図書館が多くみられた。近年，新設された図書館では，たとえば，2010（平成22）年に，図書館建築賞を受賞した「ほんぽーと　新潟市立中央図書館」では，利用条件の異なる3室を，自習可能なスペースとして設置している。また，名古屋市の分館でも，ほとんどの館で自習席を設置している。一方，大阪市立中央図書館では，「当館では自習のための利用はお断りしております」というアナウンスが流されているが，もち込んだ資料で自習していても，強制的に退席を求められるようなことは，通常は，ほとんどない。

職員の配置に関しては，1997～98（平成9～10）年をピークに，専任職員数は減少している。図書館サービスとして，職員の介在するサービスに関しては，一方にセルフサービス化の流れがあり，他方でwebによる情報発信，メールレファレンス，「課題解決支援」など，新たな動向も出現しているが，職員体制の実態の多様化により，そうしたサービスが十分に提供されないことも考えられる。メールレファレンスの実施館が限られ，ホームページの充実度も，図書館によってちがいが生じてきている。

設 問

(1) 『中小都市における公共図書館の運営』と日野市立図書館の図書館サービスについて，共通点と相違点を指摘しなさい。
(2) 図書館からの貸出冊数が増加したことで，図書館は「無料貸本屋」ではないか，と批判されることがある。この意見にどのように反論するか，900字程度で考えなさい。

参考文献
1. オーラルヒストリー研究会編『「中小都市における公共図書館の運営」の成立とその時代』日本図書館協会，1998年
2. 日本図書館協会編『図書館白書1980 戦後公共図書館の歩み』日本図書館協会，1981年
3. 日本図書館協会『中小都市における公共図書館の運営』1963年
4. 日本図書館協会『市民の図書館』1970年
5. 猪谷千香『つながる図書館』筑摩書房，2014年
6. 樋渡啓祐『沸騰図書館』角川書店，2014年

注)
1) 日本図書館協会『中小都市における公共図書館の運営』1963年，p.134。
2) 同上。
3) 同上，p.167。
4) 同上。
5) 同上，p.21。
6) 同上，p.111。
7) 有山崧「訪欧感想 8」『図書館雑誌』Vol.57.No.10，1963年10月，pp.470-473。
8) 前川恒雄『移動図書館ひまわり号』筑摩書房，1988年，pp.23-24。
9) 同上，p.24。
10) 日本図書館協会『市民の図書館』1970年，168p.
11) 表2-1中の「貸出」については，「図書館が無料貸本屋になることではないか，という批判がある」「図書館も，まず貸本屋くらい市民に親しまれる存在になってから批判すべきだというべきだろう」（同上，p.37）「貸出しの量が多いことは質が悪いことだという意見もある」「少なくとも日本の市立図書館が平均で人口の2倍の貸出しをするまで，質だ量だという議論はやめようではないか」（同上，pp.38-39）などと述べられている。この水準は，1980年代半ばには達成されたが，その後，この点に関して十分な議論がおこなわれてきているとはいいがたい。

3 資料提供サービスの基本

　日本の公共図書館サービスは，多くの図書館で，1950年代までは，館内での閲覧にほぼ限定されていた。1960年前後から，館外への貸出サービスが次第に普及していき，それにともなって，利用者数・貸出冊数も増加した。その後，1970年代以降，公共図書館で利用者の要求にこたえる「予約・リクエスト制度」が定着していった。この章では，現代の図書館サービスにおいてサービスの中核をなす資料提供サービスの基本を，歴史をふまえて扱う。

第1節　公共図書館における資料提供サービスの変遷

　2010年代後半にあっても，日本の公共図書館での主要な利用形態は，貸出サービスであろう。公共図書館は「本を無料で貸してくれるところ」というイメージ以上の理解が進んでいない。
　しかし，貸出サービスは，図書館のサービスのなかでも比較的新しく始まったものである。明治期の書籍館の設立以来1950年代にいたるまで，公共図書館の主要な利用形態は館内閲覧であった。1951（昭和26）年4月から図書館法第17条の無料原則が施行される以前は，入館料・閲覧料などの徴収は違法というわけではなかった（その後も，入館の際には，住所・氏名などを記載した入館票の提出を求められることがあった）。
　表3-1に，図書館サービスのおおよその変遷について示した。

表3-1　図書館サービスの変遷

～1945	第二次世界大戦下で制約の多い図書館サービス
～1950年代	館内閲覧中心の図書館サービス
1960～70年代	個人貸出サービスの普及
1980～90年代	利用者の要求にこたえるサービスの広がり
2000年代～	多様な図書館サービスの提供

a．館内閲覧

　1950年代，多くの図書館では，資料は書庫におかれていた。利用者は書庫内に入ることができず，カード目録を引き，利用したい資料に見当をつけ，カウンターで閲覧申込（資料請求）し，職員が書庫から資料を取り出してくるのを待たねばならなかった。カード目録に記載されている限られた情報を手がかりに選んだものなので，さんざん待たされたあげくようやく出てきた資料は，必ずしも読みたいものとはかぎらなかった。そうした不便な体制の図書館でも，以前の第二次世界大戦下の制約の多い環境に比べれば，資料へのアクセスがしやすくなったことはまちがいない。人々は，資料を利用しようという意欲をもって図書館にやってきた。
　しかし，利用が館内に限られているということは，館内閲覧に時間を費やせる人たちのみが図書館を利用できるということにほかならない。こうした体制がとられていた背景には，図書1冊の"値打ち"が，現在よりも相対的に高かったということがある。週刊誌もごく限られたものしかなく[1]，テレビが各家庭に普及する以前の時代であり，現在のようなインターネットやスマー

トフォンなどは影もなかった。新聞やラジオはあったが，情報源としての図書の存在感が現在よりも大きなものであった。さらに日本の国自体が貧しかったというこの時代の社会状況を反映し，資料の保存を優先した体制がとられていた。館内閲覧の際にも，書庫から閲覧室へ図書をもち出すことになるので，当初は館外貸出と同じように手続きが必要とされた。

b．貸出サービスの提供

　館外貸出は，当時は特別に許可された者のみしか利用できなかった。貸出冊数も現在のように（5冊，8冊，10冊，制限なしなどと）多くはなく1冊のみであった。とはいえ，館内閲覧に限定されていた資料提供サービスが館外へも可能になると，利用層が広がった。図書館の資料を借り出して，自宅や通勤・通学途中でも読めるようになったことで，潜在的な利用可能性をもつ層が拡大したといえる。しかしながら，手続きが面倒，返却に図書館まで出向かなくてはならない，そもそも借りたいと思う本が図書館におかれていないなど利用者の意欲を阻害する要因がすべてなくなったわけではない。『中小都市における公共図書館の運営』（以下，「中小レポート」）が発表される前年の1962年における個人貸出冊数は，日本の公共図書館全体で約900万冊にとどまっていた（2016年現在では6億8600万冊が借り出されている[2]）。

　そうした状況に変化が生じたのは，上述の「中小レポート」に促され，「予約（リザーブ）」（貸出中の所蔵資料に対する返却待ち），「リクエスト（購入希望）」（未所蔵資料に対する要求への対応），ILL（Inter Library Loan，図書館間相互貸借）などの新規のサービスを多くの図書館が取り入れていったことにある。また，奇跡の復興といわれた高度経済成長期あって，日本の経済状況が好転し，税収面に反映したことも大きな要因であろう。自治体により差はあるが，上下水道などの生活基盤の整備や義務教育学校の設置が一巡し，社会教育への経費投入が可能になったのである。

第2節　「要求に応える」サービスの実現

a．リクエストサービスの出現

　1965（昭和40）年，東京都日野市立図書館は，当初移動図書館車1台でサービスを開始した。個人貸出を基調とし，利用者の要求する資料を可能なかぎり提供する方針をとって運営された。その結果，当時，日野市と同程度の人口規模をもつ自治体の図書館を大幅に上回る貸出冊数が記録された。このころは，全国的にみれば，図書館サービスの諸概念がいまだ定着したとはいえない状況である。同図書館の活動は，利用者側からすれば，要求した資料が確実に提供されたことによって図書館サービスに対する信頼感が形成されたといえる。図書館側からすると，確実にサービスを提供することで，図書館は利用者の要求にこたえて資料を提供する機関であることを示したということになる。

　しかし，リクエストサービスに代表されるような，利用者の要求に対応するサービスは，必ずしも全国一律に急速な普及がみられたというわけではない。

　1992（平成2）年3月に刊行された『公共図書館における「予約業務」に関する実態調査　報

告書』[3] は,「予約制度に関する全国悉皆調査は,初めての試みであろう」と述べている。同書では,1829館中1652館が予約サービスをおこなっているとしているが,1990年度の予約処理件数は,「1642館中50件以下の館が11％,200件以下の館が26％,500件以下が40％,1000件以下が50％を占めている」という状況だった。

その後,図書館のホームページが開設され,webからの予約が普及したこともあり,2013（平成25）年の予約件数は,約9600万件（貸出6億8600万点の約14％にあたる）となっている[4]。貸出の1割以上が予約で処理されていることになる。

b. 予約・リクエストサービス

本来,貸出中の資料への予約をリザーブ（reserve）,未所蔵の資料を予約して購入の候補になるものはリクエスト（request）といっていたが,「最近では予約制度をリクエスト制度と呼ぶこともある。このためリクエストという言葉が2通りの意味で使われている」（『最新図書館用語辞典』柏書房）との指摘がある。

「予約・リクエストサービス」とは,その場にない資料を読みたいという要求への対応である。たとえば,ある資料を検索してその図書館で所蔵していることが確認できても,書架上の所定位置に所在していないことがある。この場合,ほかの利用者によって館外貸出されているなら予約（リザーブ）をかけ,返却されたら連絡をしてもらうよう依頼する（図3-1）。人気のある作家の新作など,利用が多く想定される場合は,同じタイトルの図書を複数購入することもある（複本という）。なお,書架の所定位置で見つけられないケースには,ほかの利用者が館内利用している場合や,誤った位置に配架されている場合もある。また,不正にもち出され存在が確認できないケースもある。

図書館で所蔵していない資料については,リクエスト（購入希望）を受けつける。リクエストを受けつけても,すべての資料を提供できるわけではなく[5],収集方針などにより提供できない

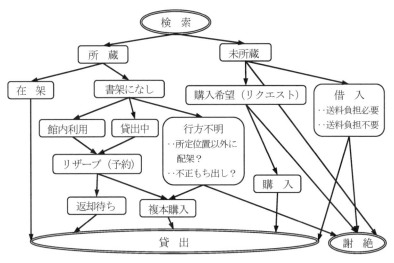

図3-1　検索から貸出にいたる流れ

ケースは「謝絶」となる（図3-1）。リクエストを受けつけた資料については、購入するか、ほかの図書館からの借り入れによって対応する。このとき、送料の負担をどうするかという問題が生ずる場合がある。それを利用者に負担してもらう場合は、受付の時点で説明が必要である。

c．利用案内

　図書館がどのようなサービスを提供しているか、これから利用しようとしている人々や、いまだ利用したことのない人々に知らせることが必要である。現在では、多くの図書館がホームページ（以下、HP）を開設しており、図書館の利用案内が掲載されている。HPに盛り込むものは、図書館の所在地やアクセス方法、施設・設備、運用に関する事項（開館日・開館時間など）、資料提供に関する事項（資料の検索、予約・リクエスト、貸出冊数・期間など）がある。図書館内では、掲示やサインによってサービス内容が示される。カウンターには、紙に印刷された利用案内パンフレットがおかれることもある。以前は、多くの図書館がパンフレットを用意していたが、HPが普及するにつれ、経費節減の上から、印刷されたパンフレットをおかない図書館もある。

　図書館職員が利用案内にかかわる場面は、①個々の利用者からのサービス内容に関する質問に回答する場合と、②利用者のグループに対して講座形式で案内する場合とがある。後者については、学校図書館や大学図書館では、図書館利用教育として取り組んでいるところが多い。公共図書館でも、規模の大きいところでは、実施期日を設定して対応しているところがある。

第3節　資料提供サービスの進化と課題

a．OPACの利用

　現代では、OPAC（Online Public Access Catalog）で「貸出中」であることが表示され、その画面から、すぐに予約をかけられるようになっている（写真3-1）。以前は、予約は図書館に赴き用紙に記入し、図書館員に手渡す必要があった。インターネットを通じたwebopacが一般化すると、来館せずに予約も可能となった。その結果、何でもかんでも予約する"予約マニア"と呼ばれる人々も出てきた。必然的に、利用者一人あたりの予約可能件数を制限するようになった。予約が簡単になり、件数が増加する一方で、

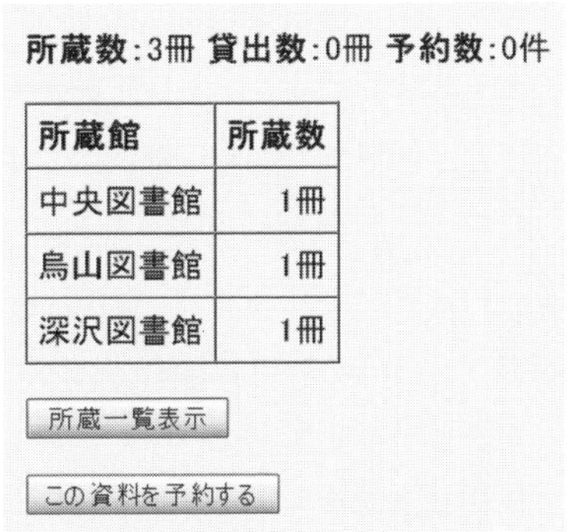

写真3-1　OPAC検索結果表示例
（東京都世田谷区立図書館）

資料費は漸減傾向にあり、複本購入は抑制的となり、予約の集中する資料の待ち期間は長期化する傾向にある。

　資料の受け取りは、来館が原則であり（来館が困難な障がい者や高齢者の場合、宅配などの措置が取られることもある）、予約と資料の受け取りの手間に差が生じているともいえる。しかしながら、最近は、コンビニで受け取れるように工夫している埼玉県所沢市のような例も出てきている。

b．コンピュータによる貸出・返却処理

コンピュータによる貸出・返却処理が定着すると，予約が入っている資料が返却された際に確実に取りおくことが可能になった。その結果，人気作家の新作などは書架に並ぶ暇(いとま)もない状況になったため，これまで以上に予約の重要性が増したといえる。

開架制を採用している図書館では，館内利用の済んだ図書は，直接書架に戻さず，ブックトラックに返却してもらうようにしている図書館が多い。書架への配架は職員が対応している。館外貸出された資料は，カウンターやブックポストに返却してもらい，同様に，職員が配架している。

c．BDSの利用

現在は，公共図書館でもBDS（Book Detection System，図書不正もち出し防止装置）が導入されることが多くなっている。入館チェックが自動的になされ，統計を取る手間が省かれる。しかし，少数ながら紛失・行方不明などの事例はどこの図書館でも計上されている。

d．自動貸出装置の利用

自動貸出機は，2000（平成12）年前後から大学図書館で導入が進み，近年では，新設される公共図書館でも導入されるケースが増えている。自動貸出装置の導入は，手続きのセルフサービス化ということができる。図書館側は省力化につながるが，利用者側も，自らの借りる本を職員にみられることがないので，こうした心理的な導入メリットをあげることもできる。

最近では，予約取りおき資料を館内の特定のコーナーにおき，利用者がセルフサービスで貸出手続きおこなって借り出す仕組みを考案した図書館も出現している。

e．インターネットの利用

図書館サービスはこの十数年で急激に変化している。その背景の1つはメディアの状況の変化であり，インターネットが社会に定着することにより，それが最適な情報源であるかどうかはひとまずおくとして，個人が簡単に大量の情報にアクセスできるようになってきたことにある。

従来，参考図書に代表される調査・研究ための情報源は，禁帯出などの措置により図書館が囲い込むことで，利用者は，図書館に出向いて利用することが求められた。図書館は一定の資料を所蔵し，それを利用者に提供していれば，"サービスしている"ということができた。

現在は，ある課題について，最適な情報源であるとは限らないとしても，無料で誰でもアクセス可能なサイトから，多様な情報が提供されるようになった。今後は，ナビゲーターとしての機能を図書館がカバーできれば，現代社会における図書館サービスの意義や図書館員の専門性について，アピールする根拠となりうると思われる（図3-3）。

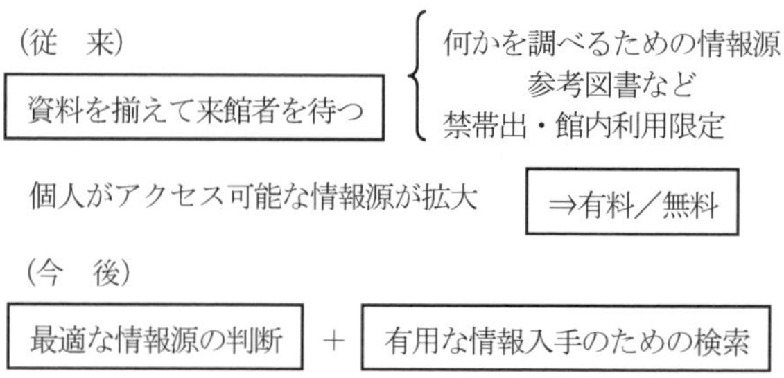

f．電子書籍の利用

公共図書館での電子書籍の提供は，図書館が提供可能なコンテンツの数が限られていることや，複数のデバイスが存在

（従来）　資料を揃えて来館者を待つ ｛ 何かを調べるための情報源／参考図書など／禁帯出・館内利用限定

個人がアクセス可能な情報源が拡大 ⇒有料／無料

（今後）　最適な情報源の判断 ＋ 有用な情報入手のための検索

図3-3　ナビゲーターとしての機能を有する図書館への期待

していることなどもあり，まだ，サービスを提供している図書館は限られている。そうしたなかでも，電子書籍の貸出が，すでに札幌市の図書館など，一部でおこなわれている[6]。電子書籍を図書館に提供する機関の問題や契約がどのようなかたちで締結されるかなど，課題も多く存在するが，ただ，忘れてはならないのは，あくまで主役は利用者だということである。公共図書館としては，顕在的・潜在的な要求を汲み上げつつ，電子書籍を利用したいという住民＝利用者からの要求があれば取り組むべきだし，そうした要求がなければ，ほかのサービスを充実すべきである。

設 問

(1) HPからの予約が可能になったことで，図書館サービスが向上したともいえるが，一方では，予約件数が増加し，複本購入は抑制されているので，待ち期間が長期化しているという指摘がある。この問題をどう解決するのがよいと思うか考えなさい。
(2) インターネットの普及により，図書館サービスにどのような影響が生じてきたか，900字程度でまとめなさい。

参考文献
1. 田村俊作編『公共図書館の論点整理』勁草書房，2007年
2. 吉田右子『デンマークのにぎやかな公共図書館』新評論，2010年

注）
1) 毎週刊行するという意味の週刊誌としては，1877（明治10）年創刊の『團團珍聞（まるまるちんぶん）』がわが国初の週刊誌である。本格的な週刊誌としては，1908（明治41）年の『週刊サンデー』（太平洋通信社），1922（大正11）年の『週刊朝日』（朝日新聞社），『サンデー毎日』（毎日新聞社）が最も早い例としてあげられる。阿部猛『起源の日本史　近現代篇』同成社，2007年，pp.144-145。
2) 日本図書館協会『日本の図書館　統計と名簿　2016』2017年，p.23。
3) 日本図書館協会編『公共図書館における「予約業務」に関する実態調査報告書』日本図書館協会，1992年3月，56p。
4) 前掲『日本の図書館　2016』，p.23。
5) たとえば，実際に刊行される前の資料や，コミック・学習参考書など，リクエストを受けつけないジャンルの資料を各図書館で設定している。動画からなる「映画の著作物」については，著作権法上の扱いが異なるため，リクエストは受けつけない図書館は多い。
6) 札幌市電子図書館のHP内「ご利用案内」には，電子書籍について，①電子書籍貸出は3点まで，②貸出期間は7日間，③予約が入っていない電子書籍は，貸出期間内に延長手続きをおこなうとその日から7日間延長可（1回まで），④電子書籍の予約は3点までという方針が示されている。https://www.d-library.jp/sapporolib/g0108/guide/（'17.10.20現在参照可）。

4 図書館の機能と図書館サービス

　本シリーズ第4巻『情報サービス論』第1章でもふれられているとおり，図書館サービスは多かれ少なかれ情報サービスである。乳幼児から高齢者にいたるまで対象こそ異なれ，その主眼であるのは，必要な人々に必要とされる図書館情報資源を仲介する情報サービスである。しかしながら，すべての図書館サービスが情報だけで語れるものではではない。図書館の教育機能からおこなわれるサービスもある。

第1節　図書館の機能と図書館サービス

　図書館にはさまざまな機能がある。「機能」とは「物のはたらき。相互に連関しあって全体を構成している各要素や部分が有する固有の役割。また，その役割を果たすこと。作用。」(『広辞苑』)とある。確かに図書館には目的に応じて分化したさまざまな働きがある。ここでは，最も重要な「情報提供機能」と「教育機能」について取り上げる(本シリーズ第1巻 pp.13-15 も

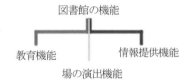

図4-1　図書館の機能
出典：本シリーズ第1巻 p.14.

参照のこと)。この2つの機能は，ともに図書館の重要な機能であるにもかかわらず，互いに相いれない関係にある。館種，設置母体などによって，また，時代や風潮によってどちらに力点をおくかが異なる。識者によっても力点が異なる。図書館はこの2つの機能を本質的にかかえ込み，互いに反発し反論し常に揺れている。この揺れは未来永劫続いていく。

　本シリーズでは，この2つに加えて，第3の機能として「場の演出機能」を設定した(図4-1)。図書館サービスは，この3つの機能それぞれに発揮される。

a．教育機能と図書館サービス

　1958年，米国のミシガン大学で初めて打ち出されたとされる teaching library[1] の概念は，まさに，図書館の教育機能を最も先鋭化させた図書館である。teaching library を名乗る図書館は，「教えること」をもっぱらサービスとしている。対象は学生ばかりではなく教授陣までにも及び，CD-ROM の焼き方から e-learning システムの操作の仕方まで教えることを旨としている。

　学校図書館や，大学の初年次・教養レベルの学生を対象とする大学図書館などは，この教育機能をサービスの中核とすべき図書館である。

b．情報提供機能と図書館サービス

　1970年の『市民の図書館』が提示した貸出重視の図書館モデルは，まさに，図書館の情報提供機能を先鋭化させたものである。貸出サービスに力を入れ，これに付随するリクエストサービス，資料取り寄せサービスなどを徹底しておこなった。レファレンスサービスすら貸出サービス

の基礎の上に築かれるとした[2]。しかし,「席貸しは図書館の機能ではない」[3]とまで言い切り,そのため,閲覧席を割愛してしまい,図書館は学習スペースであるという位置づけが消し去られてしまった面は否定できない。

c．場の演出機能と図書館サービス

すでに第1章第2節で述べたように,図書館は,他人との濃密な関係を嫌うが孤独には弱い現代人が滞在しやすい場である。図書館のこの物理的な空間の機能に着目されはじめたのはおよそ1990年代以降とされ,当初は,電子図書館のアンチテーゼとして見直しがおこなわれたとされている[4]。図書館が学習スペースであるという意義を掘り起こし,居心地のよい空間,目に飛び込むさまざまな掲示・サインやポスター,展示,講演会などで,図書館が何を大事に思っているのかを密やかに発信するのも図書館サービスである。

第2節　情報提供の形態

人間は五官によって外界から情報を得ているが,そのうち7割が視覚からといわれる。その視覚に障がいを起こし何も見えなくなったら,それは大変なことである。そのような場合,人間の脳は偉大なもので,ほかの器官,耳や鼻,皮膚感覚などが鋭くなり,視覚情報が絶たれた状態を補おうとする。図書館では,昔からこうしたことのお手伝いをしている。

a．視覚情報

図書館においては,図書などの図書館情報資源に書かれている文字を読んで,その内容を理解し吸収するのが一般である。図書館の収蔵する情報資源そのものが視覚情報による情報伝達媒体である。美術の本,写真集,漫画,紙芝居など,もっぱら視覚情報を提供する資料もある。

児童サービスのうち,絵本の読み聞かせは聴覚情報による情報提供が主といえる。しかし,ページをめくりつつ,絵を示しながらおこなうので,視覚情報も重要な要素となる。ブックトークも同様である。

施設面からみた場合も,一般社会と同様,図書館サービスは視覚情報を媒介としているものが多い。配架そのものが視覚情報を前提におこなわれている。目録情報の提供も,掲示・サインやポスター,展示なども,視覚から情報が与えられる。

b．聴覚情報

聴覚情報の提供として,第一にあげられるのが対面朗読サービスである。音声による情報提供が視覚による情報伝達の代替チャンネルとなる。肉声による情報取得の支援である。そのほか,音声媒体(磁気テープや磁気ディスク・光ディスクなど)にあらかじめ録音しておく手段も調えている。トーキングブックや音声読み上げ装置などがある。

児童サービスのうち,ストーリーテリングは,純粋に聴覚情報を媒介しておこなわれる。とはいえ,語り手の仕草や表情も子どもたちを惹きつける重要な要素となっている。すでに述べたが,絵本の読み聞かせは,声の抑揚,間の取り方などの聴覚情報が重要な役割を果たす。ブックトー

クも，話術というテクニックが必要で，聴覚情報が重要である。

　図書館の実施する講演会・セミナーは，どちらかというと聴覚情報に主眼がある。しかし，レジュメを配布したり，パワーポイントスライドなどを使いはじめたりすると，途端に視覚情報が認識の源泉となる。聴覚に障がいをもつ人々に対しては，手話による同時通訳や，字幕による情報提供が必要である。

c．視覚・聴覚以外による情報伝達

　視覚障がい者のうち，点字が利用できる人々には，既存の図書を点訳して情報摂取活動を支援する。触覚による情報伝達で，パソコンの出力にも利用されている（触覚ディスプレー）。

第3節　情報提供の機能

　前章で，図書館サービスの主軸たる資料提供サービスについて取り扱った。ここでは，現代図書館論のなかでさらに重要性が増したレファレンスサービス周辺をみてみよう（図4-2）。

a．レファレンスサービス（reference service）

　利用者が何かを知りたいと思う。情報ニーズが顕在化する。図書館はこれに対し業務として回答を与える。これがレファレンスサービスである。利用者は，自ら発問するという能動的態度をもっているか，声をかけられるのを待っているような受動的態度かで，得られる情報に差が生ずる。一般に図書館では，図書館員のほうから声をかけることはしないが，本シリーズ第1巻第12章に描かれたボストン公共図書館のレファレンスライブラリアンのように，日本の図書館員は，利用者の邪魔にならない程度にもう少し積極的に声をかけてよいのではなかろうか。双方向コミュニケーションのなかで，利用者が本当に知りたいことが明かされる（レファレンスインタビュー）。

　レファレンスサービスは，利用者が口頭で発問することにより開始される。書簡，電話による問い合わせもある。近年はこれに加えて，メール，チャットや，テレビ会議システムを用いたテレビレファレンスもある。親しい者同士の会話のための会話ではなく，質問と回答という明確な目的の下におこなわれるテレビ会議は非来館者へのサービスに効果を発揮するだろう[5]。

b．レフェラルサービス（referral service）

　利用者から質問を受けても，必要なレファレンスツールが揃っていなかったり，高度に学問的過ぎて一般の公共図書館の守備範囲を越えていたりなど，回答にたどり着けない場合がある。この場合，「わかりませんでした」で済ますのではなく，「県立図書館に照会してみましょうか？」とか「地元の歴史研究会なら分かるかもしれませんから紹介しましょうか？」といったように，自館以外の図書館，専門機関などに橋渡しをするサービスをレフェラルサービスという。

　図書館では，こうしたときに備えて，地元にどのような専門機関があるのかといった一覧表をつくり（レフェラル資料），日ごろから交誼を通じておく必要がある。

c．資料取り寄せサービス

　蔵書数が少ないと，利用者からの情報ニーズを満たせない場合も生ずる。公共図書館では，こ

うしたときのために，近隣，あるいは，県単位で図書館間相互貸借（ILL, Inter-Library Loan）の制度が確立されている。たとえば，東京都の多摩地区では京王線沿線の図書館が協定を結んで，資料の相互利用や返却の便を向上させている。公立図書館が窓口になって国立国会図書館の資料を利用できる

図 4-2　レファレンスサービス周辺のサービス

手立てもある。大学図書館では，国立情報学研究所（NII）のネットワークを通じて，大学間（県立図書館クラスも参加）で ILL が可能になっている。

d．文献複写サービス

自分が読みたい箇所がわかっているなら，その箇所だけ複写して送ってもらうサービスもおこなっている。とくに，論文・記事は，掲載誌を送ってもらい，また，送り返す手間が省ける。図書館によって，複写費用と郵送料の実費を徴収する場合がある。大学図書館の場合，相互決済で済ませ，利用者から費用を回収しない図書館も多い。注意しなければならないのは著作権法である。雑誌の最新号の論文・記事は複写できない，図書は半分までという約束事を守る必要がある。

e．読書相談

明確な疑問への回答を探す利用者ばかりではなく，漠然とした読書要求をもつ人々もいる。とくに若い母親から，「子どもに読ませるよい絵本はないか？」などと聞かれることがある。このとき，図書館員自身が多くの読書体験をしていると適切な回答を与えることができるだろう。「図書館の職員が図書館資料について十分な知識を持ち，その利用のための相談に応ずるようにすること」（図書館法第3条第1項第三号）が法的にも求められている。また，「子どものときに読んだ絵本だが，確か，月と猫が出てきた。もう一度読みたいがどのような絵本かわかるか？」といった問い合わせもある。さすがに個人の読書体験だけからこのような質問の絵本を特定することはむずかしい。こうした場合，児童図書館員同士の横のネットワークが威力を発揮する。シーンから絵本を特定しようとするサイトもある[6]。

第4節　図書館における情報発信

図書館は，求められる資料と求める利用者とを結びつける仲介機能が重要であるとされてきた。すなわち，情報の社会的再配分装置であり，仲介機能が重要であることは今後も変わらない。しかしながら，世界規模のネットワークが確立していくにつれ，既存の資料・情報を必要とする人々に橋渡しをするだけでは図書館の役割は十分ではなくなったといえる。2000（平成12）年に『2005年の図書館像』が打ち出したように[7]，仲介型図書館から自ら情報を編集し発信していく発信型図書館の機能，すなわち，電子図書館機能を獲得していく必要がある。発信とはいっても，「本」を出版刊行すべきだといっているのではない。ある種の情報を積極的に生産・編集し，提

供していくことをさしている。図書館は，そもそも，目録をつくることによって二次情報を大規模に生産し編集・発信してきたし，細々とではあるが図書館報などをつくって配布してきた。

a．図書館報

　図書館はこれまで情報生産はしてこなかった，というのは誤りである。まずは，図書館報である。図書館の活動を一般に周知し，理解を得るためのPR活動の一環としておこなわれてきた。学校図書館では図書館新聞や学校図書館要覧などを発行している。現在は，図書館がホームページをもつことは必須であるし，このページに図書館ならではの情報を載せている個性ある図書館も多くなった。とくに地域情報の発信は，今後とも重要な職務となろう（第11章で詳しく扱う）。

b．サイン・ポスター

　館内の利用者に向けては，サイン・掲示やポスターなどで情報を発信する。写真4-1はオーストラリアの学校図書館の例である。図書館は"知識"と切り離せない場所であること，「学び，成長し，そして楽しみのために，」とにかくポスターで「読め，読め，読め」と生徒らに迫っているのである。小学校の図書館では，見かけは内装のデザインのように見えるが，壁にいくつのキーワードを直書きして，図書館とはどういうところか，何をするところかをさりげなく子どもたちに発信している。紐に洗濯挟みという簡単なしかけでおびただしいサインを吊るし，子どもたちに働きかけている図書館も多くある。また，米国図書館協会のREADポスター作成キットを使って，学校の先生が自ら思い思いのポーズをとってポスターに写りこみ，読書推進に協力している（カバー写真）。これを電子ポスターにして5分ごとに各先生の肖像を投影する。日本の学校図書館でもサインやポスター，フィギュアなどを用いて子どもたちの注意を引こうと試みているが，"可愛い"に主眼がおかれているように見えるのは筆者だけだろうか。

写真4-1　オーストラリア・ブリスベーンの学校図書館に貼ってあったポスターなど
左・中：創立1868年の高校図書館（Brisbane Grammar School），右：創立1890年の小学校の図書館（Greenslopes State School, Brisbane）

c．展示コーナー

　図書館の入口付近に，新着図書コーナーとは別に，定期的にテーマを変えて展示コーナーを設けている。展示は図書館が何を大事に思っているかをひそかに発信している[8]。オリンピック，宇宙飛行士など，時宜にかなった展示がおこなわれる。もちろん，展示から資料の利用につながることが前提である。

d．講座・セミナー

　図書館法に「読書会，研究会，鑑賞会，映写会，資料展示会等を主催し，及びこれらの開催を奨励すること」（第3条第1項第六号）とあることから，図書館では，定期的にこれらの催し物をおこなっている。最近は，夜の怪談ツアー（東京都足立区立図書館）のような市民が喜んで参加したくなるような実に多彩なアイデアが示されている。

e．Twitter や Line を導入

　ソーシャルメディアを駆使して図書館の情報発信を工夫しているところもある。たとえば，秋田県鹿角市立図書館では，Line のスタンプを作成し，発売，売り上げは全学図書購入費にあてているという[9]。

設　問

(1) 身近な公共図書館を見学し，どのような情報発信をおこなっているかを調べ，900字程度にまとめて報告しなさい。
(2) 最近，若者に多用されているソーシャルメディアを用いた新しい図書館サービスを構想し，提案しなさい。

参考文献
1. 岡本真・森旭彦『未来の図書館，はじめませんか？』青弓社，2014年。
2. 日本図書館教会『図書館ハンドブック』第6版補訂2版，2016年。

注）
1) この年ミシガン大学では，大学図書館本館は学部学生には使いにくいとして，学部学生専用の図書館を独立して開設した（The University of Michigan, "Report of the university library 1957-1958," ANN ARBOR, 1958, pp.3-4)。これが teaching library のはじまりとされている。
2) 日本図書館協会『市民の図書館』増補版，1976年，p.22。
3) 前掲，p.15。
4) 根本彰『場所としての図書館・空間としての図書館』学文社，2015年，p.10。
5) テレビ会議システムを用いたレファレンスサービスは，いまだあまり普及していないようにみえる。その原因は，素顔をさらすことに，いまだ抵抗感があるからと思われる。
6) 「絵本ナビ」の詳細検索は，キーワードを列挙することによって作品を検索できる。そのほか，作品，テーマ，シリーズ，レビュー，年齢，立場，地域，ランキングなどからも検索できる。http://www.ehonnavi.net/advancedsearch.asp（'17.10.20 現在参照可）。また，国立国会図書館のリサーチナビは絵本のあらすじから検索できる。https://rnavi.ndl.go.jp/research_guide/entry/post-511.php（'17.10.20 現在参照可）。
7) 文部省：地域電子図書館検討協力者会議『2005年の図書館像〜地域電子図書館の実現に向けて〜（報告）』2000（平成12）年12月，p.4。
8) 二村健『図書館の基礎と展望』学文社，2011年，p.7。
9) 【鹿角市立図書館】LINEスタンプ発売します！http://www.kazuno-library.jp/archives/684（'17.10.20 現在参照可）。

5 図書館サービスの連携・協力

　この章では，図書館サービスに必要な連携・協力の考え方を「図書館ネットワーク」という概念を中心に，その意義や形態について理解することを目的とする。また，主に公共図書館における図書館サービスの連携・協力の具体的事例について紹介するとともに，図書館以外の機関との連携・協力についても述べる。

第1節　連携・協力の考え方

　資料・情報の提供という図書館サービス実施のためには，図書館間，あるいは関連する各種の機関間での連携・協力が不可欠のものとなる。

　図書館が利用者の資料・情報要求に向かい合うとき，単独の図書館だけで対応することは困難である。たとえば，2015（平成27）年に国内で出版された新刊書籍は8万48点，雑誌は3674点[1]。そのすべてを毎年収集することは，予算的にまた保存スペースの点からもむずかしい。いっぽう，国内で発行された出版物を網羅的に収集することを法的に規定された国立国会図書館[2]であっても，出版流通に乗らず個人的に発行された印刷物の収集については，その情報さえも届かない場合がある。何より地方の住民が，国立国会図書館を直接利用するうえでは経済的，距離的，時間的に大きな負担を要することとなる。

　1冊の本や求められた情報が，利用者の手に届くまでには，さまざまな図書館間での連携や協力が必要となる。

　「どのような図書館もひとりだちはできないのである」[3]。

a．「図書館ネットワーク」

　図書館協力は，利用者への図書館サービス向上のために，設置者が異なる複数の図書館間で図書館業務についておこなう協力活動のことをいう。現代においては，図書館協力に際してコンピュータや通信技術が結びつきの基礎となっていることから「図書館ネットワーク」といわれている。

　なお，自治体内での中央館や分館など設置者が同一の複数館での協力関係は，「図書館システム」と呼称され，図書館協力としての「図書館ネットワーク」とは区別される。

b．図書館ネットワークの意義

　出版物に限らず，さまざまな資料・情報は日々増加しつづけており，利用者の興味や関心は多様化し，図書館に求められるニーズは複雑化，専門化している。どのような規模や機能をもってしても，単独での資料・情報の収集，提供，保存は困難である。

　図書館ネットワークは，このような状況に対して図書館相互の協力によって，また各種機関との連携の下，効果的効率的な図書館サービスの提供を実現していくためにある。このことにより

利用者は，膨大な資料・情報への確実なアクセスが可能となる。また図書館にとっては，運営面での効率化を図ることができる。

　図書館ネットワークは，単に資料・情報の活用をめざすだけではない。図書館の職員，施設・設備，サービスといった資産総体から生まれる機能を含めて，図書館の共通する資源としてとらえ，複数の図書館が分担協力してその資源を一体的に活用することで，費用対効果のより高い図書館サービスを共同で達成するという，リソースシェアリング（資源共有，resource sharing）の理念を具体化する取り組みのことである。したがってそこには，依存の関係ではなく，それぞれに自立した図書館間の相互協力関係が前提となるといえよう。

第2節　図書館ネットワークの形態

　図書館ネットワークの形態は，図書館サービス機能面から表5-1のように分けることができる。

表5-1　図書館ネットワーク形態

機能区分	ネットワーク形態
収　集	分担収集
組織化	書誌情報整備（①総合目録参加，②分担目録作業）
保　存	分担保存
提　供	相互貸借，相互利用，協力レファレンス
そのほか	合同研修，派遣研修，情報交換

ａ．収集「分担収集」

　複数館で資料の分野や形態などの区分にもとづき収集の分担にあたる。

ｂ．組織化「書誌情報整備」

　①総合目録参加と②分担目録作業の2つのタイプがある。

①複数の図書館に所蔵される書誌データを1つの体系でまとめて所在を示す目録。国内では大学図書館間でのオンライン総合目録情報システム「NACSIS-CAT」[4]，また都道府県立図書館などが域内図書館所蔵資料の横断検索を可能としたシステム[5]などがこれにあたる。

②作業の重複を避けるため複数の図書館が分担して書誌情報作成をおこない，既存データがあればコピー利用により効率化を図る。

ｃ．保存「分担保存」

　複数館で，保存の基準や期間を定め，特定館による保存責任分担をする。重複資料の廃棄により保存スペースの負荷を少なくすることができる。

ｄ．提　供

①「相互貸借」：設置者を異にする図書館間で，該当資料を所蔵しない他館要求に応じて自館資料を貸出（現物貸借），あるいは複写物の提供（文献複写）をする方法。

②「相互利用」：必要とする資料が自館にないとき，所蔵する他館を紹介し，利用者が本来利用できない図書館資料の利用を可能とする方法。

③「協力レファレンス」：利用者の質問を他館照会によるレファレンス対応で回答するサービス。利用者を直接他館に紹介する場合もある。

e．そのほか

複数館職員の「合同研修」や「派遣研修」などの人事交流。図書館運営やサービスに関しての「情報交換」など。

第3節　図書館サービスの連携・協力の事例

福岡県久留米市立図書館における図書館協力の具体的事例をみる（表5-2）。

a．公共図書館

①は，福岡県立図書館による県域の図書館サービス支援を目的とした包括的なネットワーク。「図書館法」第8条（表5-3）を直接の根拠とした協力事例である。

相互貸借については，2006（平成18）年からは福岡県図書館協会による事業として公共図書館，公民館図書室，学校図書館，大学図書館，専門図書館を含む県内図書館全体のネットワークとなっている。配送について協力連絡車の運行をおこなっている。

表5-2　久留米市立図書館の図書館協力

区分	ネットワーク名	相互貸借	相互利用	レファレンス	分担保存	総合目録	そのほか
公共図書館間	①福岡県内公共図書館協力	○	○	○			○
	雑誌分担保存				○		
	新聞分担保存				○		
	図書館情報ネットワーク					○	
	②久留米広域圏広域利用		○				
	③北筑後地区公共図書館等協議会広域利用		○				
	④久留米・鳥栖・小郡・基山（三市一町）図書館協力	○	○				○
	⑤福岡県・佐賀県・熊本県中小図書館研修会						○
異種間図書館	⑥久留米市内学術機関図書館協力	○	○				
	⑦国立国会図書館協力事業	○		○		○	○

表5-3　図書館法（昭和25年4月30日法律第118号）

（協力の依頼）
第8条　都道府県の教育委員会は，当該都道府県内の図書館奉仕を促進するために，市（特別区を含む。以下同じ。）町村の教育委員会に対し，総合目録の作製，貸出文庫の巡回，図書館資料の相互貸借等に関して協力を求めることができる。

「雑誌分担保存」「新聞分担保存」は，福岡県公共図書館等協議会による協定にもとづき，県内図書館での分担保存をおこない，「福岡県公共図書館等雑誌新聞総合目録」の作成もおこなっている。

「図書館情報ネットワーク」については，県内各図書館の Web OPAC（Online Public Acess Catalog，インターネット上で検索できるオンライン閲覧目録）を一括検索する横断検索システムである。

②〜⑤は，近隣自治体間で，個々の行政需要などにもとづき協定を結んで実施されている広域利用にかかわる協力事例である。協定相手の自治体住民に対する登録枠拡大などが実施されている。それぞれの協定に重複加入している自治体も多い。そのうち④は，福岡県（久留米市，小郡

市）と佐賀県（鳥栖市，基山町）の4自治体，⑤については，隣接する3県13自治体間の県域を越えた協力になっている。なお④の相互貸借は，独自に協力連絡車を運行し，2015年度は4館合計で4276冊の配送実績となっている。

b．館種の異なる図書館

⑥は，市内の大学図書館2館，高等専門学校図書館1館と公共図書館との地域連携の事例である。⑦は，国立国会図書館が国立図書館としての役割や機能を果たすための事業。国内図書館などへの「図書館間貸出サービス」「複写サービス」「レファレンス・サービス」を柱としている。また図書館に共通する基盤整備として，「総合目録ネットワーク事業」「レファレンス協同データベース事業」を実施している。

「総合目録ネットワーク事業」は，国内公共図書館所蔵資料の総合目録構築をめざすもので，都道府県立および政令指定都市図書館資料の書誌，所蔵情報を提供している。現在「国立国会図書館サーチ」としてシステム統合され，サービス提供されている[6]。

「レファレンス協同データベース事業」は，参加館のレファレンス事例を蓄積しデータベース登録することで，インターネット上での検索を可能にしている[7]。

なお⑦の「総合目録」については，国立国会図書館の「点字図書・録音図書全国総合目録」データベース構築に参加し，久留米市で視覚障害者用に自館製作した点字・録音図書の書誌登録をおこなうと同時に，所蔵情報の提供を受け相互貸借に活用している。また「そのほか」は，国立国会図書館が所蔵する140万点以上のデジタル化資料の送信サービスである[8]。

館種の異なる図書館との協力事例としては，ほかに学校図書館との協力がある。久留米市に隣接する小郡市立図書館では，教育委員会教務課所管の「学校図書館支援センター」を図書館内に設置しスタッフを配置。図書の提供を中心とした読書支援・学習支援をおこない，同時に学校・市立図書館合同の視察，研修，会議をおこなっている。また市立図書館と市内学校図書館との一体化した蔵書管理システムを構築し，資料搬送体制もネットワーク化している[9]。

c．図書館ネットワークを形成するそのほかの組織

①書誌ユーティリティー（bibliographic utility）

複数の参加機関によりオンラインで目録作業を分担・蓄積し，共同利用を図るネットワーク組織。1971年北米で図書館導入されたOCLCが代表例。国内では，国立情報学研究所（NII）が主に大学図書館，試験・研究機関を対象に事業をおこなっている。総合目録を構築するシステム（NACSIS-CAT）と相互貸借業務のためのシステム（NACSIS-ILL）よりなる。

②図書館コンソーシアム（library consortium）

複数の図書館が資源共有を目的としてつくる自主的な連合組織。相互貸借，相互利用，電子ジャーナル共同契約などの事業をおこなう。国内では，2011（平成23）年に国立大学図書館協会コンソーシアムと公私立大学図書館コンソーシアムとの統合により生まれた大学図書館コンソーシアム連合（JUSTICE）が，電子ジャーナルなど学術情報の安定的・継続的提供のための活動をおこなっている。

第4節　図書館以外の組織との連携・協力

図書館協力は,「図書館法」第3条において図書館奉仕の具体的例示として第1項第四号と第九号に規定されている（表5-4）。

また，同法第7条の4では,「図書館は，当該図書館の図書館奉仕に関する地域住民その他の関係者の理解を深めるとともに，これらの者との連携及び協力の推進に資するため，当該図書館の運営の状況に関する情報を積極的に提供するよう努めなければならない」とされている。図書館運営状況に関する情報提供について規定した項であるが，その目的は，地域住民や関係者との「連携及び協力の推進に資するため」としている。

図書館奉仕＝サービス実現のためには，図書館協力のみならず図書館以外のさまざまな組織との連携・協力が求められている。たとえば，図書館法第7条の2に規定された「図書館の設置及び運営上の望ましい基準」（2012年12月19日文部科学省告示第172号）のなかでも「四　連携・協力」の項を立て表5-5のように記述している。

近年は，博物館（Museum），図書館（Library），文書館（Archives）の三機関によるMLA連携の重要性が指摘されている。文化情報資源の収集，蓄積，提供という共通機能があると同時に，それぞれのもつ資源のちがいがデジタルアーカイブ技術により高次なかたちで統合された情報として共有化の可能性が高まっているためである。デジタル化により資源そのものがネットワークを求めている事例といえよう。

図書館ネットワークは，閉じたネットワークではない。知を共有し，知へのアクセスを保障する機関としての図書館サービスを実現するためには，あらゆる資源との開かれたつながり＝ネットワークを構築していくことが必要である。

表5-4　図書館法に規定する連携・協力

（図書館奉仕）
第3条　図書館は，図書館奉仕のため，土地の事情及び一般公衆の希望に沿い，更に学校教育を援助し，及び家庭教育の向上に資することとなるように留意し，おおむね次に掲げる事項の実施に努めなければならない。
（略）
四　他の図書館，国立国会図書館，地方公共団体の議会に附置する図書室及び学校に附属する図書館又は図書室と緊密に連絡し，協力し，図書館資料の相互貸借を行うこと。
（略）
九　学校，博物館，公民館，研究所等と緊密に連絡し，協力すること。

表5-5　図書館の設置及び運営上の望ましい基準にみる連携・協力

第一　総則
四　連携・協力
1　図書館は，高度化・多様化する利用者及び住民の要望に対応するとともに，利用者及び住民の学習活動を支援する機能の充実を図るため，資料や情報の相互利用などの他の施設・団体等との協力を積極的に推進するよう努めるものとする。
2　図書館は，前項の活動の実施に当たっては，図書館相互の連携のみならず，国立国会図書館，地方公共団体の議会に附置する図書室，学校図書館及び大学図書館等の図書施設，学校，博物館及び公民館等の社会教育施設，関係行政機関並びに民間の調査研究施設及び民間団体等との連携にも努めるものとする。

設 問

(1) 自分が住んでいる自治体の図書館における図書館サービスの連携・協力の事例について図書館に問い合わせ，どのような目的があり，どのような成果を上げているのかを調べ，900字程度にまとめなさい。
(2) 国立国会図書館のおこなっている図書館協力事業を整理し，ホームページでそのサービス内容を確認しなさい。

参考文献
1. 日本図書館協会図書館ハンドブック編集委員会『図書館ハンドブック第6版補訂2版』2016年
2. 竹内悊編・訳『図書館のめざすもの 新版』日本図書館協会，2014年

注）
1) 出版ニュース社『出版年鑑2016』（資料・名簿編）p.30, p.44, p.279。
2) 「国立国会図書館法」（昭和23年2月9日法律第5号）第24・25条で，国内で発行されたすべての出版物を納入する義務を発行者に課した納本制度が規定されている。
3) 森耕一『公立図書館の歴史と現在』日本図書館協会，1986年，p.197。
4) 国立情報学研究所「目録所在情報サービス」https://www.nii.ac.jp/CAT-ILL/（'17.10.20現在参照可）。2017年2月5日現在で1178万1020件の書誌を収納するこの総合目録の情報は，CiNii Books（http://ci.nii.ac.jp/books/）を通して一般でも見ることができる。
5) 日本図書館協会「公共図書館Webサイトのサービス」http://www.jla.or.jp/link/link/tabid/167/default.aspx#sogo（'17.10.20現在参照可）で一覧することができる。
6) 国立国会図書館「国立国会図書館サーチ」http://iss.ndl.go.jp/（'17.10.20現在参照可）。
7) 国立国会図書館「レファレンス協同データベース事業」http://crd.ndl.go.jp/jp/library/index.html（'17.2.8現在参照可）。2017年1月末現在で733館の参加があり，レファレンス事例のデータ登録総数は17万856件となっている。
8) 国立国会図書館「図書館向けデジタル化資料送信サービス」http://www.ndl.go.jp/jp/service/digital/index.html（'17.10.20現在参照可）。絶版などの理由で入手困難な資料を，インターネットを使い全国の公共図書館，大学図書館などの館内で利用できるサービス。
9) 文部科学省「すべての学校のニーズに応えて〜地域の教育力を支える学習・情報拠点〜」（図書館実践事例集）http://www.mext.go.jp/a_menu/shougai/tosho/jirei/（'17.10.20現在参照可）

6 課題解決支援サービス

　図書館が利用者のかかえる課題解決の支援をおこなってきたという事実は図書館の誕生とともに語られるべきであろう。19世紀の第4四半世紀に米国で始まったレファレンスサービスは，これに積極的に取り組んだものといえる。わが国では2000（平成12）年ころから，新しい図書館サービスのモデルが提示されるようになった。それが課題解決支援サービスである。

第1節　一般的な市町村立図書館の状況

　長らく図書館は文教施設とされてきた。たとえば，「文教地区」という言葉を辞書で引くと，「学校や図書館などの文教施設が多く集まっている地区」（『国語大辞典』小学館）などと説明される。文教＝教育で，図書館は教育施設とみなされてきたし，そう扱われてきたのである。
　図書館は，「図書館法」に則り，住民のニーズに応えるべく，図書を収集，保存し，その利用に供してきた。リクエストが多いときどきのベストセラーを複数冊購入したり（複本），国語辞典，英語辞典，百科事典などの基本的な調べるための図書をそろえたりと，少ない予算でできる限り多くのニーズに応えようと努力してきたのである。
　公立図書館の職員は，いうまでもなく公務員であるから，ほかの公務員と同じように出勤し退勤する（公務員にも家庭があり家族との普通の生活は保障されなければならない）。開館時間は朝9～10時から夕方5～6時が普通だった。ところが，この時間帯に図書館に来館できる人々は，当然，限られているのであり，必然的に定年退職後の高齢世代，家事を終えた主婦層，学校帰りの児童・生徒らが主な利用者となった。読書を趣味とする一定の集団がリクエストする図書は自然と偏りが生じていくものである。小説類や旅行関連の本，ノンフィクション，盆栽・手芸・料理などの趣味の本などが書架上の少なからざる部分を占めるようになった。結果，人口規模の同じような都市の図書館どうしは，また収蔵する図書も同じような内容になってしまう。先の「文教施設」という言葉の辞書的な意味をわざと無視し，半ば自嘲的に，図書館は「文学書」と「教養書」しかない施設（図6-1）という人がでてきた。どこを切っても同じ顔が出てくる金太郎飴に譬えられたこともあった。これが20世紀末のわが国の一般的な市町村立図書館の状況であった。

第2節　課題解決支援サービスの出現

ａ．課題解決支援サービスへの気づき

　もし，図書館が図6-1のような施設であるなら，レファレンス質問も文学や教養に関するものが多くなるはずである。ところが，当時最も勢いのある図書館として知られていた千葉県浦安市

立図書館では，文学・教養に関する質問はほとんどなく，たとえば，地元の商工店主から，「今度，看板の色を塗りかえたいのだが，ペンキの色見本はないか」とか，「看板をつくりかえるときの規格について教えてほしい」といった質問が寄せられていた。大企業なら自前で資料室をもっているから自分らですぐ調べられる。ところが，中小・零細企業はそのような余裕はないから，いきおい地元の公共図書館を頼ってきたというわけである[1]。このとき，同図書館の館長は確信した。公共図書館は，文学・教養のためだけの施設ではない。地元の中小零細企業の経済活動を支援することができる。いわゆる村おこし（村づくり）・町づくり（町おこし）に貢献できるのだと。図書館の新しく進むべき道がみえた。図書館が文教施設から脱却した瞬間である。

図6-1　文教施設の不本意な解釈

　同じころ，ニューヨークに滞在していたフリーの女性ジャーナリストが取材を重ねていた。彼女は，調査の過程で既存の商用データベースの検索を必要とした。ところが，商用データベースは個人で契約するには料金があまりにも高すぎる。そこで，彼女はニューヨーク公共図書館を利用するようになった。この図書館では，図書館がデータベース会社と契約し，市民に無料で利用させていた。日本だと「受益者負担」という権力側に都合のよい理屈をもちだし，市民から利用料を徴収するだろう。ニューヨーク公共図書館の市民ファーストの姿勢に気がついたのである[2]。彼女が利用した図書館が Science Industry and Business Library（通称 SIBL）であった[3]。ここは主に市民のビジネスを支援する図書館であった。館内には大学のパソコン演習室のような部屋が複数あり（写真6-1），また，IT 講習会を主催していた。日本でも IT 講習会を図書館で催す例があるが，キーボードのタッチタイピングの練習から始まって，メールの出し方，表計算ソフトの使い方，インターネットの検索の仕方など，代表的なアプリケーションソフトのブラックボックス的な使い方の指導で終わってしまう。ところが SIBL では，単なるキーボード操作，ソフトの使い方指導ではない。インターネット情報資源の探し方，起業のための情報収集，集めた情報の評価など，ビジネスに直結する講習会なのである。日本の場合と決定的に異なるのが指導にあたる講師である。教壇に立つのは図書館員である。たとえば，新規に採用する図書館員が，仮に IT が不得手だったとしても，周囲の図書館員がよってたかって教育し，教壇に立てるまでに仕立て上げるという。この図書館では，図書館員として身につけた情報に関する専門性を活かし，市民の情報リテラシー獲得の支援を越えて，深い専門性を必要とする起業というビジネスチャンスをつかむための支援を図書館員がおこなっていた。図書館の教育機能に新たな視点を与えたといえる。情報提供機能ばかりを重視してきたそれまでの日本では発想しえない新規のサービスを開拓した姿勢を賞賛したい。

b．ビジネス支援図書館推進協議会の発足

　2000（平成12）年12月，純然たる民間団体のビジ

写真6-1　2000年当時の SIBL のパソコン室

ネス支援図書館推進協議会(以下,「協議会」)が立ち上げられた。発足にあたり,前述の浦安市立図書館長(当時)と件の女性ジャーナリストがともに副会長に就任した。ある出版社[4]が幹事役を務め,主にメーリングリストで活動を開始した。この団体がめざした「ビジネス支援」という言葉は,その後,全国に広がり,シンポジウム,講演会,研修会などが多数開かれた。ビジネス支援コーナーをつくる図書館が各地に現れ,もはや,全国的な一大ムーブメントといってもよい状況となった。

また,「進化する〜」という言葉もキーワードのようにもてはやされた。インドの図書館学者ランガナータン(Shiyali Ramamrita Ranganathan, 1892-1972)が唱えた図書館学の五法則の第五に「図書館は進化する有機体である」という件(くだり)があるが,これを彷彿(ほうふつ)とさせ,図書館界にはなじみのある言葉であったことも幸いした。

「協議会」が発足してから,とくに公共図書館で変化したのは,ビジネス支援コーナーの設置ばかりではない。開館時間の延長,あるいは,夜間開館の動きが加速した。というのは,ビジネスマンが図書館を利用できる時間帯は当然午後5時以降の退社後である。通勤時間を加えて,自宅付近の最寄り駅に帰り着く時間を考えると,午後8〜9時まで開館していなければ,ビジネス支援も絵空事に終わってしまう。こうして各図書館では,勤務のためのシフトをやりくりしたり,派遣会社に委託したりして,開館時間を延ばす努力をするようになった。

第3節　課題解決支援サービスの多様化

a．課題解決支援サービス

ビジネス支援という言葉が新しい潮流を示す言葉として日本中を吹き抜け,この活動が全国的に広まったことは事実である。各主要都市の図書館は競うようにビジネス支援コーナーをつくったのも事実である。駅前の商業地域にある図書館ならば,ビジネス支援は,ぜひ,取り組むべき課題であった。しかしながら,すべての公共図書館がビジネス支援に取り組んだわけでもない。わが国は,いうまでもなく,すべての地域が商業地区ではない。農山漁村地区,住宅地区など,「商業」という言葉ではくくれない地域も多数存在する。そこでビジネス支援の考え方・精神を受け継ぎ,地域の実情に合わせるさまざまな改変がおこなわれるようになった(表6-1)[5]。

ある地域では,「地場産業支援」と名付け,地域固有の産業を支援する活動を図書館が担いはじめた。工場地帯・農林水産業・漁業などの立地や主たる業態,特産品の状況などを考慮し,特有の情報を収集し提供する図書館サービスである。

住宅地域にある図書館では別なかたちを追求した。とくに新興住宅街には,赤ちゃんを育てる若い母親が多い。子育て中にはさまざまな疑問や迷いが生ずるものだが,昔なら姑(しゅうと)・小姑(こじゅうと)が一緒に住んでいて,子育てのアドバイスを受けることもできた。しかし,核家族化が進んだ現代では,頼るべき人は身近にはいない。そこで図書館がこのような疑問や迷いに応えようというのである。こうして子育て支援図書館が生まれた。

2009(平成21)年5月, わが国では裁判員制度が開始された。成人なら誰もが裁判員に選出される可能性があるとされ, い

表6-1　課題解決支援サービスの類型

ビジネス支援	課題解決支援サービスの嚆矢。2000年スタート
地場産業支援	ビジネスとは括り切れない地域産業・地域の特産物づくりを支援
子育て支援	核家族化により子育てに悩む若い母親を支援
法務情報支援	裁判員制度開始をきっかけに生まれた。日常の法律問題にも対処
医療・健康情報支援	どの自治体でも取り組むべき課題。とくに高齢化社会において。
福祉情報支援	児童・障がい者・高齢者福祉など, 社会が手を差し伸べる課題
シルバー支援	シルバー世代の第二の人生を豊かにするための情報提供サービス
学校教育支援	児童・生徒の課外での学習支援, 教員向け教材作成支援など
行政支援	職員・議員による政策立案への支援, 市民への行政情報の提供

ざ, そのときに困らない程度の最低限の法律に関する知識は何かが論じられたことがある[6]。わが国は米国のような訴訟社会ではないとはいえ, 交通事故, 隣人とのトラブル, 離婚訴訟など, 法律と向き合わなければならない機会がないとはいえない。こうして, 法務情報支援をビジネス支援におき換える図書館がでてきた。

わが国は, 急速に高齢化社会になったとされる[7]。医療費の負担は増えるばかりである。医療情報支援はどの自治体でも取り組むべき課題である。自分の患っている持病によい日常的な食材はあるか, 自分が処方されている薬と食べ合わせてはいけない食材はあるかなど, 正しい知識が欲しいのは誰でも同じである。インターネット上の情報は怪しいものも多い[8]。病院の近くにある図書館では, 医療情報支援コーナーをつくり, 人々のニーズに合った品揃えを検討した結果, 闘病記をおいてみた。これが思わずヒットし利用が高まったという。闘病中の本人だけでなく, 患者を支える家族の慰みとなっている。この図書館では, また, 計算外の利用者がいることに気づいた。病院の看護師たちが闘病記をよく借りに来るという[9]。闘病中の患者やその家族に共感を覚えることを出発点にして看護にあたろうとする看護師たちのプロ意識に脱帽する。

わが国の社会をけん引してきた団塊の世代の人々は, 定年退職後もなお元気である。アクティブシニアなどといわれ, 第二の人生を謳歌している人が多い。この第二の人生をより豊かにするための情報収集と提供がシルバー支援である。趣味・生活情報のほか, 老々結婚・介護などがある。筆者が実際にみて,「なるほど」と思ったのが, 墓地・霊園情報である。若い人には想像が及ばないと思うが, たしかに自分の人生を閉じるにあたって, どこで永眠するかは大きな問題である。図書館は, これを暗く秘匿するものとしてではなく, 逆に, あっけらかんと提供している。

上にあげたいくつかの取り組みを, 地域の実情に合わせて, 組み合わせてコーナーを特設するのが最近の図書館の傾向である。たとえば, 千葉県市原市立図書館では,「医療情報コーナー」「子育て支援コーナー」, 東京都立川市立図書館では,「子育て応援コーナー」「シルバー情報コーナー」が併設されている (写真6-2)。

写真6-2　東京立川市立図書館の子育て応援コーナー・シルバー情報コーナー

b. 従来の図書館サービスとの比較

こうして, 利用者のかかえている課題を先読みして解決する取

り組みを課題解決支援サービスと総称するようになった。国もこのような図書館のあり方を推奨している（巻末資料2）。しかしながら，読者はすでに気がついたと思うが，ことさら課題解決といわなくても，これらのなかにはずっと以前から図書館でおこなってきたものもある。

　では，従来の図書館サービスと課題解決型の図書館サービスとは何が異なるのか。従来の図書館サービスは，図書館利用に何らかの障害（バリアー）があるならそれを取り除こうとつくり上げてきたものといえる。たとえば，高齢者サービスは，高齢によって図書館利用に障害を生ずる場合にそれを取り除くサービスであり，拡大鏡の設置，拡大写本の用意，本の宅配サービスなどがある。児童サービスも同じように考えることができる。読書習慣がない児童に読書習慣をつけさせるためにおこなってきた意味合いがある。

　従来からおこなわれていたレファレンスサービスは，利用者が課題を認識し，その解決をはかろうと図書館を訪れたときに始まる。それに対し，課題解決支援サービスは，利用者が課題を認識する以前に始まっている。あらかじめ利用者の情報ニーズを先読みし，それに回答を与えることができる資料を準備しておくことが主眼である[10]。コーナーを特設して，サービスを目に見えるかたちで示したことにも意味がある。利用者はコーナーの存在によって，改めて図書館サービスの可能性を感じとることができる。質問を受けて課題を解決する（回答を与える）までのプロセスはレファレンスサービスと同じである。

第4節　課題解決支援サービスの意義

　米国のビジネス支援図書館活動のなかにSCOREとの連携がある[11]。SCOREは，一言でいうと，起業のための相談を受ける退職者のNPO団体である。米国では起業に成功して財をなした人物は，機会があれば多額の金額で会社を売却し，残りの人生を悠々自適に暮らす例が多いという。そうした人々は，毎日が日曜日という生活に飽き足らず，社会貢献の道を探すなかで，起業家のためのカウンセリングをおこなう者が出てきた。ビジネス支援図書館では，そうした退職者に出張所を与え定例的に起業のための相談会を開いている。ビジネスに成功を収めた経験者とこれからビジネスを起こそうとする新進の起業家との間を橋渡しする図書館の活動である。わが国にはビジネス支援の1つとして紹介されたが，筆者の観測では，この活動はわが国にはあまり定着しなかったようにみえる。わが国の図書館では，ヒトとモノの橋渡しはできているが，ヒトとヒトの橋渡しは今後の課題であろう。

　どのような産業も新たな業務開発をおこなわなければいずれ斜陽化してしまう。図書館界も同様である。昔ながらの収集・組織化・保存・提供の業務モデルを忠実に実行しているだけでは時代に取り残されてしまう。すでに述べたように，ニューヨークのSIBLでは，図書館員としての専門性を背景に，これまでなかった新しい業務を自ら開拓し実行した。いわば新規の業務開発を率先しておこなったのである。1970（昭和45）年『市民の図書館』が図書館のパラダイムシフトをもたらしたように，常なる業務開発の姿勢が新たなパラダイムシフトをもたらすであろう。課

題解決支援をさらに越える図書館の新しいパラダイム転換が期待される。

設 問

(1) 身近な公共図書館を対象にして，どのような課題解決支援サービスをおこなっているか調査し，900字程度にまとめなさい。
(2) これまで図書館ではおこなわれてこなかった図書館員としての専門性を活かす，または，図書館ならではの新しい業務のアイデアを出し，900字程度にまとめなさい。

参考文献
1. 菅谷明子『未来をつくる図書館』（岩波新書新赤版837）岩波書店，2003年
2. 田村俊作・小川俊彦編著『公共図書館の論点整理』（図書館の現場7）勁草書房，2008年

注）
1) この段，当時の浦安市立図書館長常世田良氏からの直接聞き取り。
2) 菅谷明子「進化するニューヨーク公共図書館」『中央公論』1998年8月号，pp.2-23。および，同氏からの直接聞き取り。
3) ニューヨーク公共図書館は，いくつかの分館がある（2015年1月現在91館）。このうち，専門性に特化した研究図書館が4つある。最も有名なのは，5番街42丁目にある図書館で，ライオンの像が2体あり観光名所にもなっている社会科学研究図書館（Stephen A. Schwarzman Building）である。いっぽう，マジソン通りにあるのが，Science Industry and Business Library（科学・産業・商業図書）である。
4) 株式会社ひつじ書房のこと。代表取締役社長の松本功氏は，資料購入などで公費を消費する一方ではなく，何かを産み出す図書館の可能性を模索しており，「進化する図書館の会」を主宰していた。常世田良氏，菅谷明子氏らの間をとりもち，ビジネス支援図書館推進協議会を立ち上げ，事務局の任を買ってでた。この段，松本氏から直接聞き取り（2017年1月30日）。ひつじ書房はその後，『進化する図書館へ』（2001年），『税金を使う図書館から税金を作る図書館へ』（2002年），『都立図書館は進化する有機体である─二〇一〇年の都立図書館像を描く』（2003年）を相次いで出版している。
5) 課題解決支援の類型は次の書で詳しく解説されている。図書館をハブとしたネットワークの在り方に関する研究会『地域の情報ハブとしての図書館─課題解決型の図書館を目指して』2005年1月28日，76p.
6) 前掲，p.42。
7) わが国では，65歳以上が高齢者とされ，この人口比が7～14％になると高齢化社会といわれる。14～21％を高齢社会，21％を超えると超高齢社会といわれる。わが国は65歳以上の人口比が7～14％になるまでの所要年数（倍加年数）はわずか24年であった。フランスの115年，スウェーデンの85年，イギリスの47年，ドイツの40年などと比べると，急速に高齢化が進んでおり，世界でどこも経験したことのない事実として注目を集めているという。溝上智恵子［ほか］編，『高齢化社会につなぐ図書館の役割高齢者の知的要求と余暇を受け入れる試み』学文社，2012年，pp.3-4。
8) 医療情報提供サイトWELQの問題は記憶に新しい。「広告至上主義」「検索サイトの上位表示テクニック」が優先され，不正確な医療記事や記事の盗用が問題視された。「健康情報サイトを停止，DeNA，記事に誤り指摘で」，『日本経済新聞』2016年11月30日付夕刊16面。
9) 石井保志『闘病記文庫入門　医療情報資源としての闘病記の提供方法』（JLA図書館シリーズ17）日本図書館協会，2011年，p.7。
10) 図書館がいかに住民のニーズを先読みしているかの例として，次の記事は大変参考になる。その「読み方」は「見事！」の一言である。小林隆志「図書館は社会のセーフティーネットになっているか─『課題解決』型の図書館の視点から」所収：青柳英治編著『ささえあう図書館─「社会装置」としての新たなモデルと役割』勉誠出版，2016年，pp.81-96。
11) 前掲，菅谷，pp.48・50。

7 障害者サービス(1) 基本的な考え方と著作権法

ユネスコの『公共図書館宣言』1994年版は，次のように述べている。「公共図書館のサービスは，年齢，人種，性別，宗教，国籍，言語，あるいは社会的身分を問わず，すべての人が平等に利用できるという原則に基づいて提供される。理由は何であれ，通常のサービスや資料の利用ができない人々，たとえば言語上の少数グループ（マイノリティ），障害者，あるいは入院患者や受刑者に対しては，特別なサービスと資料が提供されなければならない」[1] この特別なサービスと資料の提供が障害者サービスといわれるものである。

第1節 「障害」のとらえ方と障害者サービス

障害者サービスという言葉は「図書館利用に障害のある人へのサービス」を簡略化したものである。ここでいう障害者は「心身障がい者」を直接さすわけではなく，図書館や資料を利用するうえでなんらかの障害[2]があれば，このサービスの対象となる。この障害は利用者個人に帰せられる障がいではなく，求めに応じて施設や資料が利用できないという「図書館側の障害」なのである。その障害を図書館は総力をあげて取り除いていく責任を負っている。

a．国際障害分類

1981年は国際連合が指定した国際障害者年だったが，その1年前にWHO（World Health Organizatio，世界保険機構）が提起した国際障害分類（International Classification of Impairments, Disabilities and Handicaps, ICIDH）における障がいの概念は図7-1のようなものだった。

この障がいの概念では，身体的な損傷を出発点とし，そのことによって機能的な制約が生じ，さらにそれによって社会的な不利益が生じるとされた。1次，2次，3次と障がいは段階的に進んでいくが

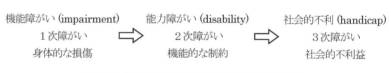

図7-1 「国際障害分類」における障がいの概念

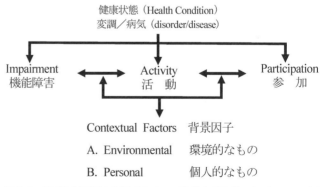

図7-2 「国際生活機能分類（ICF）＝国際障害分類第2版（ICIDH-2）」の諸次元の相互作用についての現在の理解

(のちに1次から3次への矢印も追加された)、社会的な不利益を被ったことによって、さらに機能的な制約を受けたり、機能的な制約のためになお身体的な損傷が生じたりすることは考慮されておらず、早くから批判的に論じられていた。その後、2001年にこの分類の改訂版(「国際生活機能分類、International Classification of Functioning, Disability and Health, ICF)が提起されたが、そこではすでに個々の障がいではなく病気や変調も含めてすべての人に関わりのある障害分類となった(図7-2)。この頃から「障がい」は個々人に帰せられるものではなく、そうした人々が十分な参加や活動ができないのは個人の要因だけではなく環境にも要因があり、障害は「社会の側の障害」であるという認識が広くゆきわたるようになったのである。

b．図書館における障害のとらえ方

図書館の所蔵している資料をそのままでは読めない、あるいは行きたくても図書館に行くことができないという図書館利用の障害は、実は利用者の側の障がいではなく図書館や資料が利用できないという図書館側の障害であるといわれるのもこうした流れのなかで生じた考え方である。

1977(昭和52)年に刊行された『いま図書館では』の第3章は「図書館利用障害者サービス」という章タイトルになっており、そのなかで次のように記述されている。

「住民の学習権を保障する機関としてユネスコ宣言にいうように法律にもとづき、公の費用により、すべての住民を対象とする図書館は、住民一人ひとりが利用できるものでなければ、公平な公共機関とはいえないでしょう。そういうことから、身障者の利用できない図書館は、欠陥図書館だといっている人もあるくらいです。つまり、障害はむしろ、図書館側にあるということでしょう。…図書館は、いまやっと"住民"を具体的にとらえ"図書館利用に障害のある人びと"のことを考えはじめたのです」[3]

WHOの国際障害分類が提起される以前にこうした考え方が図書館で芽生えていたということは非常に先駆的であり、図書館の障害者サービスの基本的な考え方が早くから認識されていたといえる。

第2節　著作権法の改正と「障害者の権利に関する条約」「障害者差別解消法」

2010(平成22)年に著作権法が大幅に改正された。従来、著作権の制限事項のなかで読書に関する項目は、点字による提供(第37条第1項)と視覚障がい者のための音声化(第37条第3項)が点字図書館などの福祉施設に許可されていたのみで、公共図書館が利用者の希望によって資料を音声化して貸し出すためには著作権者の許諾が必要であった。こうした法制度について視覚障がい者を中心とする利用者団体が権利保障の問題として請願などを繰り返していたが、一向に解決の糸口がみえなかった[4]。ところが2009(平成21)年になって急に著作権法改正の動きが活発になり2010年から大幅に変更された改正著作権法が施行されることになったのである。

a.「障害者の権利に関する条約」

この画期的な改正の背景には2006（平成18）年に国連総会で採決された「障害者の権利に関する条約」の存在がある。日本は，2014（平成26）年1月に世界で140番目の国としてこの条約を批准した。この条約の第21条を表7-1に掲げる[5]。

ここでいわれている「第二条に定めるあらゆる形態の意思疎通」とは表7-2のようなものをさしている。

この条約では手話が言語であることを定義のなかで述べているので，日本は国内法のなかで，手話が言語であることを表明する必要がある。また朗読をはじめとした音声化，拡大文字，点字，触読文字と並んで「平易な言葉」という語を見いだすことができるが，わかりやすく，理解しやすい言葉をさし，一般の本や文章をやさしくリライトすることや，図書館案内などを誰でも理解できるようにすることをさす。また，すでに北欧などでは国家の補助でLLブック（やさしく読める本，スウェーデン語のLättlästがもとになっている）が，知的障がいや母語のちがう移民の人たちなどを対象に出版されている。

表7-1 障害者の権利に関する条約第21条

第21条　表現及び意見の自由並びに情報の利用の機会
　締約国は，障害者が，第二条に定めるあらゆる形態の意思疎通であって自ら選択するものにより，表現及び意見の自由（他の者と平等を基礎として情報及び考えを求め，受け，及び伝える自由を含む。）についての権利を行使することができることを確保するための全ての適当な措置をとる。この措置には，次のことによるものを含む。
(a)　障害者に対し，様々な種類の障害に相応した利用可能な様式及び機器により，適時に，かつ，追加の費用を伴わず，一般公衆向けの情報を提供すること。
(b)　公的な活動において，手話，点字，補助的及び代替的な意思疎通並びに障害者が自ら選択する他の全ての利用しやすい意思疎通の手段，形態及び様式を用いることを受け入れ，及び容易にすること。
(c)　一般公衆に対してサービス（インターネットによるものを含む。）を提供する民間の団体が情報及びサービスを障害者にとって利用しやすい又は使用可能な様式で提供するよう要請すること。
(d)　マスメディア（インターネットを通じて情報を提供する者を含む。）がそのサービスを障害者にとって利用可能なものとするよう奨励すること。
(e)　手話の使用を認め，及び促進すること。

表7-2 障害者の権利に関する条約第2条

第2条　定義
　この条約の適用上，
「意思疎通」とは，言語，文字の表示，点字，触覚を使った意思疎通，拡大文字，利用しやすいマルチメディア並びに筆記，音声，平易な言葉，朗読その他の補助的及び代替的な意思疎通の形態，手段及び様式（利用しやすい情報通信機器を含む。）をいう。
「言語」とは，音声言語及び手話その他の形態の非音声言語をいう。
（以下略）

表7-3 著作権法第43条

（翻訳，翻案等による利用）
第43条　次の各号に掲げる規定により著作物を利用することができる場合には，当該各号に掲げる方法により，当該著作物を当該各号に掲げる規定に従つて利用することができる。
一　第30条第1項，第33条第1項（同条第4項において準用する場合を含む。），第34条第1項又は第35条　翻訳，編曲，変形又は翻案
二　第31条第1項第一号若しくは第3項後段，第32条，第36条，第37条第1項若しくは第2項，第39条第1項，第40条第2項，第41条又は第42条　翻訳
三　第33条の二第1項　変形又は翻案
四　第37条第3項　翻訳，変形又は翻案
五　第37条の二　翻訳又は翻案

注：条項番号のみ算用数字に改めた。

b．著作権法の改正

　2010年の著作権法の改正は，従来視覚障がい者や聴覚障がい者に限定されていた対象を「視覚（聴覚）による表現の認識に障害のある者」（第37条第3項，第37条の2）と広くとらえ，高齢者をはじめ学習障がい者，知的障がい者などなんらかの理由で資料をそのままでは読めない人を対象とした点で画期的な改正であった。さらに著作権法第43条（翻訳，翻案等による利用，表7-3）では，「次の各号に掲げる規定により著作物を利用することができる場合には，当該各号に掲げる方法により，当該著作物を当該各号に掲げる規定に従って利用することができる」として，視覚関係では「四　第三十七条第三項　翻訳，変形又は翻案」聴覚関係では「五　第三十七条の二　翻訳又は翻案」としている。ここで用いられている翻訳という言葉には「手話翻訳」も含まれ，変形とは「テキストファイル化やマルチメディア化」が含まれるだろう。さらに翻案とは，権利条約が述べている，「平易な言葉」によるリライトなどに該当する。聴覚関係では「字幕」の翻案，つまり話されていることをすべて字幕で表すのではなく，省略したりやさしい言葉におき換えたりすることができるようになった。改正著作権法は障害者の権利条約に照らしてここまで踏み込んだ改正をおこなったということができるのである。

　さらに，「著作権法施行令」（昭和45年12月10日政令第335号）の「視覚障害者等のための複製等が認められる者」（第2条）のなかに，従来の点字図書館などの福祉施設のほかに「大学等の図書館及びこれに類する施設」「国立国会図書館」「図書館法第二条第1項の図書館（司書等が置かれているものに限る。）」「学校図書館法（昭和28年法律第185号）第2条の学校図書館」が含まれることになった[6]。このことによって，視覚や聴覚による表現の認識に障がいのある人は，就学してから社会に出て高齢になるまでのあらゆる図書館で，その人が読める形態の資料を享受できるようになったのである。したがって，今回の改正著作権法は単に今まで点字図書館などができたことを公共図書館や学校図書館でもできるようになったというにとどまらず，情報摂取に障がいのある人は，それらの図書館を通して情報アクセスが可能になったということであり，それらの図書館は，そうした人に対する情報提供が義務づけられたと解釈すべきものであろう。

c．障害者差別解消法（「障害を理由とする差別の解消の推進に関する法律」）

　障害者権利条約を受けて，障害者を理由とした差別の禁止と，障害者がほかの者と平等にすべての人権および基本的自由を享有し，または行使することを確保するための必要かつ適当な変更および調整である合理的な配慮の提供を義務づけたいわゆる障害者差別解消法（巻末資料3）が2016（平成28）年4月1日から施行された。

　同法第5条は「行政機関等及び事業者は，社会的障壁の除去の実施についての必要かつ合理的な配慮を的確に行うため，自ら設置する施設の構造の改善及び設備の整備，関係職員に対する研修その他の必要な環境の整備に努めなければならない。」とし，さまざまな面での合理的配慮の提供を求めている。今後図書館においてもさまざまな図書館利用障害者に対する資料提供をも含めた合理的配慮の提供が求められることとなった。

　以上みてきた改正著作権法，障害者権利条約，障害者差別解消法の3つは，すべての図書館で

取り組むべき障害者サービス実施の法的根拠となるものである。

第3節　対面手話や手話の本の要求

a．手話の本への希求

　国が「障害者の権利に関する条約」を批准し，手話を言語として認めたことで，日本手話を第1言語とするろう者[7]に対して手話の本を提供する必要も出てくる。すでに2008（平成20）年の第94回全国図書館大会の席上，次のような提案がおこなわれている[8]。

　「ご提案：私たちの願いはろう者の仲間にも小説のすばらしさを味わってもらいたい，ろう者の仲間にも家庭の医学や冠婚葬祭の手引き本などの知識情報を共有してもらいたい，という単純なことなのです。そのためには手話という言語で提供しなければなりません。当然動画での提供となります。近年では動画提供の技術はめざましい進歩があり，技術的な困難は存在しておりません。著作権の問題もあるのでしょうが，新旧図書を必要に応じて手話に翻訳し提供して頂ける環境を作って頂きたくここにご提案させて頂きお願いといたします。」

　この「ろう者からリクエストのあった本は，手話に翻訳し動画で提供して欲しい」という要望は，視覚障がいの利用者から，「我々にとって一般の本は紙の束に過ぎず，点字や音声に変換してもらわなければ自分たちの読書は保障されない」という要望と同一の要望としてとらえられる。したがって，日本手話を母語とするろう者に対する動画による資料提供についても，視覚障がい者など音声による提供同様に真剣に取り組む必要があろう。上の提案にもあるように，現在技術的な困難は存在せず，先の改正著作権法によって視覚同様「聴覚による表現の認識に障害のある」利用者に対して，字幕を付与したり手話で資料を提供したりすることが可能になったのである。今後一般の本を手話で表現した「手話の本」の提供について，研究を進めねばならないだろう。

b．対面手話への要望

　また，日本手話を母語とする図書館員の働く公共図書館では，聴覚障がいの利用者からの対面朗読（音訳）ならぬ「対面手話」によるサービスの要望も出ている。大阪府枚方市立図書館のろうの図書館員は次のように述べている[9]。

　「聴覚障害者（ろう者）は外見では聴者と変わりません。ですから聴覚障害は見えない障害といえます。（中略）教育環境が整っていないと十分に日本語を理解することができません。そのため，活字を読むことが歯がゆく，内容を理解することが困難なため図書館を利用しようとしません。（中略）図書館になじんでいただき本の楽しさを知っていただきたいと思い，ろう職員である私が本の内容を手話で紹介しています。（中略）図書館から借りた本や新聞などの活字資料を図書館に持参して，それを職員が日本手話に翻訳する『対面手話』を実施して欲しいなどの要

望がありました。」

　以上のように，公共図書館はじめ学校・大学図書館などは公的な責任において図書館利用に障害のある人へのサービスをおこなわなければならないのであり，図書館利用の障害の顕在化とその障害をいかに取り除くかという命題について，研究を進める必要がある。

設問

(1) 『障害者の権利に関する条約』の第2条（定義）に取り上げられているさまざまな意思疎通（コミュニケーション）手段を用いた図書館資料の可能性について述べなさい。
(2) 参考文献2を読み，知的障がい者への図書館サービスの可能性について900字程度でまとめなさい。

参考文献
1. 日本図書館協会障害者サービス委員会編『障害者サービス補訂版』（図書館員選書12）日本図書館協会，2003年…障害者サービスについて広範に論じた本。
2. 山内薫『本と人をつなぐ図書館員―障害のある人，赤ちゃんから高齢者まで』読書工房，2008年…筆者が公共図書館で実践してきた障害者サービスを具体的に述べたもので，高齢者や知的障害者，障害児から刑務所図書館まで幅広い対象を取り上げている。
3. 小林卓・野口武悟共編『図書館サービスの可能性　利用に障害のある人々へのサービスその動向と分析』日外アソシエーツ，2012年…公立図書館の障害者サービスから学校図書館，大学図書館，点字図書館そして患者図書館，矯正施設，おもちゃ図書館まで幅広い障害者サービスに関する文献案内であり，今後のサービスを考えるうえで欠かせない1冊である。

注）
1) 長倉美恵子・日本図書館協会国際交流委員会訳『図書館雑誌』Vol.89, no.4, 1995年4月, pp254-255。
2) 本シリーズでは，日本図書館協会障害者サービス委員会での議論にもとづき，「図書館利用の障害」など社会や環境にあるバリアをさすときには「障害」を用い（それを解消するサービスである「障害者サービス」も「障害」を用いる），視覚障がいや聴覚障がいなど個人の状態をさすときは「障がい」を用いる。
3) 福島宏子「図書館利用障害者サービス」森崎震二編著『いま図書館では』草土文化，1977年, pp.89-90。
4) 視覚障害者読書権保障協議会編，『視覚障害者の読書と著作権－著作権問題討議資料集』1976年, 第2集（1977），第3集（1980），第4集（1983）まで刊行。
5)「障害者の権利に関する条約」2014年1月20日，日本政府公定訳，日本障害者リハビリテーション協会 http://www.dinf.ne.jp/doc/japanese/rights/adhoc8/convention131015.html#ARTICLE21 （'17.10.20現在参照可）。
6) 聴覚関係では国立国会図書館が含まれていないほか，貸し出しできる映像資料は購入しなければならないなど若干視覚関係とニュアンスがちがう。
7) 聴覚障害者のうち，日本手話でコミュニケーションをする人は18％にすぎず，本書では，単に聴覚障害とするよりも「ろう」という言葉を用いることにした。
8) 手話文化村の米内山明宏氏の提案。全国図書館大会当日会場で配布された資料による。平成20年度第94回全国図書館大会兵庫大会，2008年9月18～19日，於神戸ポートピア。
9) 山本亮「聴覚障害者（ろう者）サービスの充実を目指して―枚方市立図書館からの取り組み」『図書館雑誌』Vol.101, No.5号, 2007年5月, pp.298-300。

8 障害者サービス(2) さまざまな図書館利用の障害とその克服

　障害者サービスにおける障害はおおよそ次の3点に集約できる。(1)物理的，制度的な障害，(2)情報摂取，資料をそのままでは利用できないという障害，(3)コミュニケーションや情報発信の障害。障害者サービスということばは，図書館利用に障害のある人へのサービスを表したものであり，その障害は利用者の側の障がいではなく，図書館側の障害としてとらえなければならない。本章では，その図書館利用の障害を大きく3つに分け，その障害を克服するにはどんな機器や資料そしてサービスが必要かを考察する。

第1節　物理的，制度的な障害

　物理的な障害には，図書館の入り口や館内に段差や階段があったり，書架間隔が狭かったり，書架が高いなどの理由で車イス使用者が利用しにくいというような障害をはじめとして，図書館までの距離が遠い，施設に入所していたり病院に入院していて図書館まで行くことができない，開館日時・時間などのために利用できないなどがある。また，DAISY（デイジー）録音図書を聞くためのPLEXTALK（プレクストーク）[1]（写真8-1）は，視覚障がい者以外の利用者は購入費補助が受けられない，また点字用郵便物発受の無料化がいまだに視覚障がい者にしか認められていないために，高齢者や施設入所者に郵送で録音物を貸す場合には郵

写真8-1　PLEXTALK
（明星大学所蔵）

送料負担が生じるなどの制度的な障害も存在する。こうした障害については施設に出向いてサービスする，個々に宅配をおこなう，機器の貸出を検討する，郵送によるサービスをおこなうなどの方法で障害を軽減することができる。

第2節　情報摂取，資料をそのままでは利用できないという障害

　障害者サービスのなかで，最も広範に存在する障害が情報摂取，資料をそのままでは利用できないという障害である。改正著作権法がいう「視覚による表現の認識に障害のある」人は，視覚によって読むことが困難な視覚障がい者をはじめ，文字の大きさなどが障害となる高齢者・肢体障がい者，書かれている内容を理解することが困難な知的障がい者，そもそも文字という媒体を視覚で認識することに障害のあるディスレクシアなどの学習障がい者・発達障がい者などさまざまである。さらに2013年6月にモロッコのマラケシュで開催された世界知的所有権機関（World

Intellectual Property Organization, WIPO) の会議で採択された「盲人，視覚障害者その他の印刷物の判読に障害のある者が発行された著作物を利用する機会を促進するためのマラケシュ条約 (Marrakesh Treaty to Facilitate Access to Published Works for Persons who are Blind, Visually Impaired, or otherwise Print Disabled)」では，視覚障がい者のほか，知覚もしくは読みに関する障がいがある者や身体障がいにより本をもっていることや扱うことができない者（同条約第3条）をも著作権の権利制限の対象とした。また，「聴覚による表現の認識に障害のある」人も，聴覚障がい者をはじめとして，盲ろう者などのように「大きな音声，指文字（巻末資料4），手のひらなどへの手書き文字，大きな文字，手話や触手話，紙に打った点字，指点字（巻末資料5）」などなど，人によってコミュニケーション手段（読める形態）がそれぞれちがう場合もある。そうした点で，前章で障害者サービスは図書館利用に障害のある人へのサービスであり，心身障がい者へのサービスをさすわけではないと述べたが，サービスを展開していく上ではさまざまな心身の障がいについての知識と理解は不可欠であるといえるだろう。

a．点字

　著作権法第37条の第1項に「公表された著作物は，点字により複製することができる」とあって，誰でもどんな資料でも点訳することができる。点字を読める視覚障がい者は18歳以上の視覚障がい者およそ30万人のうちの1割程度といわれており，視覚障がい者だから点字が読めるというわけではない。多くの視覚障がい者は高齢になって失明しており点字を読めない人のほうが多いが，点字可読者にとっては，点字は唯一の文字であり点字資料の要求は強い。また点字を読める盲ろう者にとっては点字が欠かせないコミュニケーション手段となっている。

　なお，盲ろう者のなかには指点字を使用する人もいる。指点字は左右3本，計6本の指を点字タイプライターのキーに見立て，相手の指にタッチすることにより，一音一音仮名でことばを伝えるもので，ほかの方法よりも素早くコミュニケーションがとれる。

　点字資料は原本と比較して非常に大部になり，三省堂の『コンサイス英和辞典』の点字版は100巻，小学館の『ランダムハウス英和辞典』はなんと800巻にもなり，おき場所もさることながら，1つの単語を引くことを考えただけで気が遠くなるという。最近は点字データを1行分表示するペーパレスブレイルピンディスプレイ (paperless braille pin display, 写真8-2) が登場し辞書などは引きやすくなっている。また点字データを読みあげソフトを使って音声で利用している視覚障がい者もいる。

b．音声

　音声資料は，古くはオープンリールテープ，その後カセットテープで作成されてきたが，最近はMP3を使用したDAISYシステムに移行しつつ

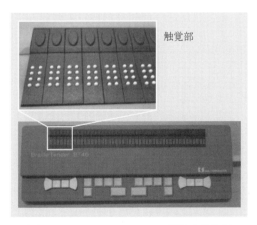

写真8-2　braille pin display（明星大学所蔵）

ある。DAISYは1枚のCD-Rに50時間以上の音源を録音できるため，ほとんどの資料が1枚のCD-Rで足りる。DAISY図書を聞くためには専用のPLEXTALK（前述）という機器が必要となり，一般のCDプレーヤーでは聴くことのできないクローズドシステムとなっている。DAISY録音図書は検索性にすぐれ，ページ移動や章の頭出し，しおりの付与などさまざまな機能を兼ね備えており，従来のテープとは比較にならないくらい使い勝手がよくなっている。利用対象は視覚障がい者に限らず，高齢者や本を持つことのできない肢体障がい者，文字からの情報を摂取することが苦手な学習障がい者，ヘッドホンで集中して聴くことが求められる精神障がい者など，幅広い「視覚による表現の認識に障害のある人」にとって使いやすい資料となっている。また，この音声資料は改正著作権法によってほぼすべての図書館での作成，提供が可能となり，そこでの複製もできるようになった。

c．マルチメディアDAISY図書

　前項でふれたDAISY図書は音声のみの資料だったが，これにテキストや画像を同期させたマルチメディアDAISY図書も作成されるようになってきた。パソコン画面上にテキストと画像が表示され，そのテキストの音声化している部分の背景に色が付き，今読んでいる部分を示す機能（ハイライト機能）がある。文字だけからは情報を摂取しにくいさまざまな認知障がい者・学習障がい者にとって利用可能なものになっている。とくにディスレクシア（読み書き障がい）の子どもたちの多くがマルチメディアDAISYの教科書を使って学習成果を上げている[2]。また，音声と文字が同時に表記されるため，音声だけでは聞き取りにくいことばがテキストの表示によって明瞭になるので，重度の難聴者にとってもわかりやすい資料となっている。さらに自力で本を読むことが困難な知的障がい者が利用し，繰り返し読んだというレポートも多く寄せられるようになった。マルチメディアDAISY図書は音声のスピードを変えられるほか，画面上に表記された文字の大きさ，バックライトの色などを変えることができ汎用性に富んでいるので，今後大きな可能性をもった資料ということができるだろう。

d．手話

　手話には，ろうの人たちが言語として使用している日本手話のほかに，難聴者や中途失聴者などが使用している日本語の語順どおりに手指で表現する日本語対応手話がある。また，盲ろうの重複障がい者の間では，話し手が手話で表し，盲ろう者がその手に触れて意味をとる触手話（触読手話）が用いられることもある。日本手話は日本語とは異なる文法体系をもっており，手や腕の動きだけではなく「顔の表情」や「まゆの上げ下げ」「あごの引き出し」「首の傾き」「視線の方向」など非手指動作も重要な要素として併せもっている。前章で述べたように，手話の本や対面手話の要望が日本手話を母語としているろう者から出されている。しかし，手話の本は現実にはほとんど作成されておらず，希少な例として，『手話ごんぎつね』（エヌ・アイ・ケイ，熊本県聴覚障がい者情報提供センター制作・販売，2007年）がある。このCD-ROMは，手話と日本語の単語・文をリンクさせ，文章を音声で読み上げ，手話の動画を再生するもので，なじみのない用語については手話やわかりやすいイラストで説明している。また，志茂田景樹の絵本『まんねんくじら』『で

たがりもぐら』『ひかりの二じゅうまる』の3冊を明晴学園と共同製作した手話読み聞かせDVD（ダブル・ピー株式会社，2010）もある。手話の本の提供は，今後の図書館の大きな課題としなければならないだろう。

e．拡大

視覚障がい者の6〜7割を占めるといわれている弱視者は小さい活字も読めず，かといって点字を読むのも苦手で，情報摂取の狭間にある人といわれることがある。大活字本をはじめ拡大写本などは広く高齢者にも利用されているが，今後も大きな文字資料の需要は高まっていくものと思われる。

しかし，このうち弱視者については文字が大きければよいというわけではなく，さまざまな見えにくい要因を一人ひとりがかかえているため，読みやすい資料の作成には個々人に合わせた工夫が不可欠となる。低視力やボヤケのことを考えれば文字は大きいほうが読みやすいが，緑内障など視野欠損の範囲の多い人の場合には文字が大きいと視野に入る文字が少なくなってかえって読みにくいということが起きる。また羞明（しゅうめい）といって，まぶしいと真っ白になって読めない人の場合には黒地に白の文字を書く白黒反転文字が読みやすいといわれる。こうした読みにくさの要因が一人ひとりちがっているために弱視者が100人いれば100通りの見え方をしているともいわれている。したがって，拡大写本などの製作にあたっては，さまざまな見本を作成してその人に見てもらい最も読みやすい書き方を探し出す必要がある。

最近，図書館の現場では大活字本や拡大写本など，文字の大きい資料が高齢の利用者などにとって不可欠の資料となってきている。多くの図書館では大活字本のコーナーを設置してこうした要望に対応している。また拡大写本は弱視者や高齢者のほか，不随意運動のために視点を一点に集中することがむずかしい脳性麻痺者や振り仮名があることによって聴覚障がい者に利用されたケースもあり，多くの可能性をもっている資料である。

f．平易なことば（やさしく読める）

一般の図書では内容や文章表現などがむずかしくて理解できない人がいる。やさしく読める本はこうした資料を読みやすくわかりやすくリライトしたものと，はじめから読みやすい図書として出版されたものの2種類がある。これらは「LLブック」（前章第2節a．で既出）などと呼ばれ，北欧では国家の補助のもとに毎年数十冊が出版されている。日本でもごくわずかだがその翻訳やオリジナルなLLブックが出版されている。LLブック（写真8-3）やリライトを必要としている人は広範囲に及び，知的障がいの人をはじめとして精神障がいや発達障がいの人，失語症の人，言語獲得以前に失聴したろうの人，認

写真8-3　LLブックの例（明星大学所蔵）

知症の人，公用語が母語ではない人などである。また近年は障がいではないものの識字能力の獲得がさまざまな要因で十分ではない機能的非識字者（functional illiteracy）といわれる人が増えており，そうした人のためにも役立つ資料となっている。

　リライトは単に一般的にやさしく書き直すというだけではなく，その人の読む能力に合わせて書き直す必要もあり，先の拡大写本同様非常にプライベートな分野である。利用者の読む能力を知ったうえでその人が理解できるようにリライトするというサービスは，今後の図書館サービスに期待される分野である。

g．対面資料提供サービス

　対面朗読というサービスが，視覚障がい者への資料提供サービスとして画期的なサービスであったことが歴史的にも証明されている。現在，このサービスは対面音訳・対面読書という名でも呼ばれている。図書館にある資料をその場で読むという対面読書というサービスこそ今後の資料をそのままでは利用できない人に対するサービスとして確立していく必要があろう。前章でも述べたように，すでに対面手話で本を読んでほしいという日本手話を母語とする利用者からの要望も出てきている。また，スウェーデンでは知的障がい者などとともに図書館を訪れその場で本を読んだり，内容を説明したりする読書指導員という制度も存在する[3]。利用者が理解できるあらゆるコミュニケーション手段を駆使して対面で資料を提供していくことが，今後の障害者サービスにとって問われるであろう。障害者権利条約の「第九条　施設及びサービス等の利用の容易さ」のなかには次のような項目もある。

「(e) 公衆に開放される建物その他の施設の利用の容易さを促進するため，人又は動物による支援及び仲介する者（案内者，朗読者及び専門の手話通訳を含む。）を提供すること。」

　先の読書指導員はまさにこの案内者にあたり，それを司書の業務として定着させていく必要があろう。

　ここまで，情報摂取あるいは資料をそのままでは読むことのできないという障害について，どのような形態にすればその障害を取り除くことができるかをみてきたが，"○○障がい者にはこの資料"というような単純な解決法はなく，その人が最も読みやすい形態，利用方法は何かということを突き止めていくことが図書館に求められているといえよう。

第3節　コミュニケーションや情報発信の障害

　図書館での点字や手話などのコミュニケーションの保障はもちろんだが，そうした手段を用いての情報発信の保障も検討されなければならない。仮名文字である点字における漢字の保障（たとえば漢点字）や墨字訳サービスといわれている視覚障がい者の書いた点字文書を普通の文字に直したり，知的障がい者や肢体障がい者に代わって手紙や文書を代筆するサービスもこの範疇に

入るだろう。すでに利用者がもち込んだプライベートな書類の代筆や代読の要望も強くなっている。

1976年にスウェーデンで発表された報告書のなかに、「言葉の習得が苦手な知的障害者にとっては、手話が有効なコミュニケーションの手段であることが証明されています」[4]とある。

ピクトグラム（pictogram）の研究なども今後の課題である。ピクトグラムは、たとえば書架表示や館内の案内などのサインというだけではなく、本の内容理解を援助するという面からも利用されている。このように、点字をはじめ手話やピクトグラムなど、そのほかのいろいろなコミュニケーション手段を学んでさまざまな利用者に対して対応ができるようにしたり、そのコミュニケーション手段の可能性を広げる場となり、それを社会に広めていくことも図書館の大きな役割ではなかろうか。

以上、図書館利用の障害を概観してきたが、このように考えれば図書館利用の障害はすべての図書館に偏在しており、こうしたさまざまな障害を取り除くことはすべての図書館の根本的な課題であるといえよう。図書館という建物のなかで利用を待つ図書館から積極的に外へ出て行く図書館をめざし、地域のどこででも図書館サービスが受けられ、すべての資料を誰でも利用できるようにすることが障害者サービスの目標といえるだろう。

設問

(1) 図書館利用の物理的な障害とその障害を取り除く手段について3つ例をあげて、900字程度で説明せよ。
(2) 参考文献1を読み、LLブックとマルチメディアDAISY資料の可能性について考察せよ。

参考文献
1. 藤澤和子・服部敦司編『LLブックを届ける やさしく読める本を知的障害・自閉症のある読者へ』読書工房、2009年
2. 読書権保障協議会編『高齢者と障害者のための読み書き＜代筆・代読＞情報支援員入門』小学館、2012年

注）
1) 精密小型モータの製造・販売などを手がけるシナノケンシ株式会社（長野県上田市）が製作するDAISY図書再生機（再生録音機）。小型かつ軽量が特徴。多様な製品がラインアップされている。http://www.plextalk.com/jp/products/#01（'17.10.20現在参照可）。
2) 『デイジー活用事例集』日本障害者リハビリテーション協会情報センター、2013年、p.49。
3) 国際図書館連盟『読みやすい図書のためのIFLA指針』日本図書館協会、2012年、pp.33-35。
4) 公益財団法人日本障害者リハビリテーション協会情報センター「知的障害者と教育 スウェーデン政府公文書 知的障害について」学校教育庁出版物『全ての国民のための文化』（kulturatalla）、1976年、http://www.dinf.ne.jp/doc/japanese/resource/ld/ld_swe/LD_edu.html（'17.10.20現在参照可）。

9 高齢者サービス

　日本は世界でも類を見ないような高齢社会となり，今後も高齢化の加速は必至である。従来の高齢者＝弱者という視点だけではなく，自立して活動する高齢者への図書館サービスが今後の大きな課題であることは言をまたない。世代間の交流などをめざした豊かな図書館サービスの可能性が今後の高齢者サービスに期待されているといえるだろう。

第1節　高齢者へのサービス

　エレン・ケイ（Ellen Key, 1849-1926）[1]は20世紀を「児童の世紀」と呼んだが，21世紀はまさに「高齢者の世紀」と呼べるだろう。2002年4月にマドリードで開催された第2回高齢者問題世界会議の席上，当時の国連事務総長コフィー・アナン（Kofi Atta Annan, 1938-）は「すべての年齢の人にとって暮らしやすい社会を築き上げよう」という演説の冒頭で次のように述べた[2]。

　「アフリカでは，老人が1人亡くなると図書館が1つ消えるといいます。地域によって言い回しは違うかもしれませんが，この言葉が意味するところは文化にかかわらず真実です。高齢者は，過去と現在，そして未来を結ぶ仲介者なのです。その知恵と経験は，社会にとってかけがえのない宝です。」

　今，高齢者をめぐる問題は，全世界的な課題として取り組まれようとしている。高齢者を1つの図書館に喩え，高齢者の知恵と経験が宝として大切にされる社会をめざしていくうえで，現実の図書館にどんなことができるのかを模索する意義は大きいだろう。これまで高齢者サービスというと，高齢による図書館利用の障害に目を向けがちだったが，これからの高齢者と図書館を考えるうえでは，同時に積極的に活動する高齢者の社会参加や図書館活動への参加についても検討が必要であり，一人ひとりの高齢者にどのようなサービスが可能なのかを視野に入れてサービスを検討しなければならないだろう。

　2012年（平成24）年の「高齢社会対策大綱」は，①多様なライフサイクルを可能にする高齢期の自立支援，②年齢だけで高齢者を別扱いする制度，慣行等の見直し，③世代間の連帯強化，④地域社会への参画促進，の横断的に取り組むべき4つの課題をあげている。

　そもそも「高齢者とは何歳からをさすのか」ということ1つ取ってみても，70歳または75歳からと答える高齢者が7割を占めており[3]，65歳以上を高齢者とする区分は実態にそぐわなくなってきている。一方で，アメリカなどでは55歳からを高齢者とする例もみられる[4]。すでに人生

を100年ととらえる文部科学省の超高齢社会における生涯学習の在り方に関する検討会が2012（平成24）年に公表した『長寿社会における生涯学習の在り方について～人生100年いくつになっても学ぶ幸せ「幸齢社会」』という報告書まで刊行された[5]。この報告書では「2008年度末で，介護保険制度における

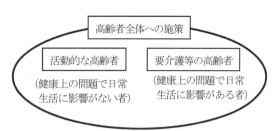

図9-1 図書館の高齢者サービスを考える3つの側面

支援や介護を要しない高齢者は，65歳以上では約8割，75歳以上でも約7割となっており，高齢者の自立度は概して高いといえる」とし，最近の高齢者は昔の高齢者と比較して若返っている，認知能力は加齢により低下するとの誤解があるが，短期記憶能力は低下する傾向があるものの，日常問題解決能力や言語（語彙）能力は，年齢とともにさらに向上するなどの検証結果を示し，高齢者が自ら有する能力を十分に活かすことができる環境づくりを進めるとともに，高齢者をこれまでのような社会的な弱者として保護される人という誤った見方から，地域社会の一員であるという見方へ，国民全体の意識を変える必要があると述べている。そこで今後の高齢者への図書館サービスについて，「高齢者全体への施策」，「活動的な高齢者への施策」（健康上の問題で日常生活に影響がない者），「要介護等の高齢者の施策」（健康上の問題で日常生活に影響がある者）の3つの側面から今後の図書館サービスの可能性について考えてみたい（図9-1）。

第2節　高齢者全体に対する施策

1997（平成9）年に出された『高齢者の学習・社会参加活動に関する国際比較調査』[6]という「日本，韓国，アメリカ，イギリス，ドイツ，スウェーデンの6カ国の各千人（60歳以上79歳以下）」を対象とした大規模な調査は，その提言のなかで「高齢者は，健康だから学習しているのではなく，学習しているから健康なのである。学習をしていない高齢者のうち，健康上の理由でしていない人は6カ国全体でわずか11％であり，学習活動をしているのは健康だからということは一概にいえない」と述べ，それを敷衍して「高齢者の学習・社会参加活動は，社会を活性化させ，財政的効果を生む。現在の日本の学習率およそ40％が，さらに5％増えると老人医療費3894億円が，10％増えると9086億円が節税できると試算している。

従来『高齢社会白書』などの学習や社会参加の項では，高齢者を対象とした学級や講座などが大きく取り上げられているが，今後，多様な価値観やライフスタイルを求める高齢者が増加すると予測されることから，講座型の学習よりも自己学習への要求が強くなるものと考えられる。したがって，学習率の増加に対する図書館の役割が非常に重要になってくる。高齢者へのサービス全体の大きな目標を「高齢者の学習率を上げ，老人医療費を引き下げる」ことにおき，施策としては次の3点をおこなう必要がある。

a．大きな字の本を積極的に収集する

「高齢者の日常生活に関する意識調査」（内閣府）によると「日常生活情報について不満な点」のトップは「字が小さくて読めない」で，1999年度14.5％，2004年度14.1％，2009年度13.5％にも及ぶ（「特に不満はない」が60％前後）。そのほかには「どの情報が信頼できるかわからない」がそれぞれ8.2％，11.5％，9.1％で次いで多く，つぎに「情報量が多すぎる」が，それぞれ7.6％，8.8％，7.3％，「情報の内容が分かりにくい」がそれぞれ5.9％，8.7％，6.8％などとなっている。やはり大きな文字への要望が大きいこととともに信頼できる適正なわかりやすい情報が求められていることがわかる[7]。

b．高齢者の欲しい情報，タイムリーな情報を提供する

老人大学の受講生に人気があったプログラムの特徴を整理した研究によれば，「高齢者によく学ばれる学習内容を支えるポイント」として，表9-1の3つをあげている[8]。

この②については，もっと幅広く「作る・育てる学習」ととらえ，絵画・彫刻，料理や手芸，孫世代の子守や子どもへの絵本の読み聞かせなども含んで考えたらどうだろうか。

表9-1 高齢者によく学ばれる学習内容を支えるポイント

| ①過去・未来とのつながりの学習 |
| 古典，歴史，芸術，文学，回想法，異世代交流，自分史学習 |
| ②土による学習 |
| 演芸，陶芸，菜園づくり，盆栽，薬草摘み，散策，山歩き |
| ③超越への学習 |
| 芸術，宗教，思想，文学，異世代交流，ボランティア活動 |

c．施設のバリアフリー化を進める

高齢者が図書館に来館したときに利用しやすいよう施設面や館内表示などについても検討を進める必要がある。近年，図書館ではリタイア後の高齢者が平日の日中に目立つようになってきている。図書館という場は，①誰でも無料で利用できる，②一人でいても違和感がない，③利用に際して明確な利用目的を問われない[9]，社会のなかでもまれな施設であるということができる。高齢者の居心地のよい居場所としての図書館も求められている。高齢者の集う場としての図書館で来館者同士が相互交流を図れるような方策も考えたい。

第3節 活動的な高齢者への施策

a．就業に関する情報や機関を紹介し就業への支援をおこなう

高齢になってからのキャリア形成（就労のための学習）も今後の高齢者の学習の大きな部分を占めるだろう。人生90年，100年と考えれば60歳以降で学習に投資しても十分回収できることになるので，高齢者のためのビジネス支援や技術教育という視点からの積極的な資料収集と関係機関の紹介などが不可欠になるだろう。

b．学習・社会参加活動への支援をおこなう

「社会生活基本調査 平成23年度」（総務庁）によると「学習・自己啓発・訓練（仕事や学業を除く）」をおこなった人は60～64歳で33.7％，65～69歳で30.9％，70～74歳で30.4％，75歳以上で20.7％だった。平成18年度の前回の調査よりも60～64歳で3.2ポイント，65～69歳で3.3

ポイント，70〜74歳で実に8.0ポイント，75歳以上で6.5ポイントといずれも上昇している。全体の種類別行動率では「パソコンなどの情報処理」が最も高く12.1％，次いで「芸術・文化」が10.0％，「英語」が9.6％，「家政・家事（料理・裁縫・家庭経営など）」が8.4％となっており，このうち5年前よりもポイントが上昇したのは「パソコン」と「英語」だった。男女差の大きいのは「パソコン」が男性優位，「家政・家事」が女性優位で，それぞれ行動者率のトップとなっている。高齢者のパソコンへの関心は年々増しており，その関心に答えるべく図書館においても関連の資料を収集するだけではなく，講習講座情報の提供や支援組織を立ち上げるなどの方策も考えられる[10]。

c．ボランティア活動を望む高齢者に情報を提供する

一般的なボランティア活動に関する情報提供はもちろん，図書館にかかわるボランティア活動に関する技術を提供したり，図書館サービスへの協力についても積極的に受け入れる。図書館には，「音訳，点訳，拡大写本」など，資料製作にかかわる活動があり，今後そうした技術獲得への援助をおこなっていく必要があるだろう。また図書館でおこなっている子どもを対象とした「おはなし会」「工作会」や特別養護老人ホームなどでおこなわれる「紙芝居」や「歌」などの活動にも積極的に参加を呼びかけると同時に，高齢者と子ども，高齢者同士のふれあいの場をつくる。

第4節　要介護などの高齢者への施策

表9-2は，2013（平成25）年に新たに開設された墨田区内の大規模特別養護老人ホーム入所者の状況である。特別養護老人ホームに入所する高齢者の介護度は年々上がっ

表9-2　墨田区特別養護老人ホーム入所者の状況

入所者*	（男）34名		自立	一部介助	全介助
	（女）122名	食事	64人(44％)	40人(28％)	41人(28％)
平均年齢	（男）82.7歳	入浴	0人(0％)	52人(36％)	93人(64％)
	（女）89.0歳	排泄	11人(8％)	60人(41％)	74人(51％)
平均介護度	4.1	移動	24人(16％)	49人(34％)	72人(50％)

注：調査時点の入所者は145名

てきており，さまざまな活動に介護が必要な入所者が増加している。

このような状況のなかで，自立して読書の困難な方へのサービスを充実させる必要がある。「すべての子どもに読書の喜びを」という標語の驥に倣えば「すべての高齢者に読書の喜びを」体験してもらう手立てを図書館でも考えなければならないだろう。

a．特別養護老人ホームなどの老人施設での貸出をおこなう

特別養護老人ホームに入所していたり，老人保健施設に短期入所している人，またデイサービスで来所している図書館に来館困難な人を対象に，図書館が施設まで出向き資料の貸出をおこなう。施設への貸出は団体貸出が広く利用されているが，高齢者一人ひとりの資料要求に細かく対応するには個人貸出を中心に事業を展開すべきである。

b．老人施設で紙芝居やお話，歌などをおこなう

　自力で本を読むことが困難な入所者や通所者の人には，子どもへのおはなし会同様，誰かが紙芝居や絵本，お話などを読むことで読書が可能になる。とくに紙芝居は高齢者施設で好評を博しており，季節や行事に合わせて演目を選ぶとよい[11]。また，童謡やナツメロなどの歌はお話以上に多くの人が楽しんでくれる。「音楽療法」[12]は，懐かしい歌を皆で合唱するもので，歌を唄うことによって「病気になりにくくなった」38％，「よく眠れる」38％，「食欲が増した25％」という結果が出ている。また，この調査への参加者715人に感想を10の選択肢からあげてもらったところ「懐かしい時代に戻る」626人（87％），「心が安らぎ落ち着く」498人（70％），「すっきりする」426人（60％）というような効果があったという。紙芝居や歌を組み合わせたプログラムによって読書や図書館サービスを体験してもらうことができる。こうした活動に子どもから高齢者までさまざまな人にかかわってもらえるようにしたい。

c．一般の本では読むことの困難な高齢者に本を読めるような形態にして提供する

　高齢者施設では，一般の本だと字が小さくて読めないという人が多く，字の大きい大活字本や拡大写本が必要不可欠の資料となっている。また，寝たきりの高齢者や，視力の落ちた人には，「録音図書」や視聴覚資料が利用可能である。現在まで視覚障がい者用に製作されてきたDAISY録音図書は，長時間の録音が可能で，しかも検索性にすぐれているので高齢者にも有効な資料である。DAISY録音図書に限らず，今まで障害者サービス用の資料として作成されてきた録音図書や拡大写本が2010（平成22）年の著作権法の改正によって高齢者にも利用可能となったので積極的に活用する必要がある。

d．図書館まで来館が困難な高齢者には資料を自宅や介護施設などに届ける

　施設に入所している人はもとより，さまざまな理由で図書館に来られない高齢者も多い。そうした高齢者には自宅に資料を届ける必要がある。資料を自宅や施設に郵送するサービスも考えられるが，現状では郵便制度の優遇措置は視覚障がい者（点字図書や録音資料の無料化），身体障がい者（書籍のゆうパックの半額補助）のみに限られており高齢者はその対象となっていない。今後高齢者に対しても郵送料の優遇措置が計られるように声を上げていく必要がある。

　なかにはホームヘルパーを利用して図書館を利用している人もいるが，限られた時間のなかで資料の貸出返却などをヘルパーに依頼するのは困難であることから，図書館側からの宅配が望ましい。

e．高齢者のケアのための資料やものを収集し貸し出す

　認知症などの高齢者が昔を思い出すことによって記憶や言葉を取り戻したり，脳を活性化することをめざした「回想法」というケアがある。たとえば，昔の日常生活用具（湯たんぽ，洗濯板，五つ玉のそろばん，もんぺ，食器，尺のものさし，かや），昔の玩具（お手玉，こま，めんこ，たこ，羽子板，人形など），防虫剤の樟脳などにおいのある物，さまざまな手触りの布，古い写真・葉書・ポスター，昔の音楽（懐メロはもちろん，盆踊りで踊った曲など）など，ケアに必要なものや郷土に関する資料，ビデオ，録音された物売りなどの声，昔の新聞などの資料を積極的に収集し高齢

者施設と協力して提供する。こうした本以外の資料を箱に入れて一定期間貸し出している図書館や回想法の取り組みとして「思い出語りの会」をおこなっている図書館もある[13]。

設問

(1) 参考文献１には海外の図書館の高齢者サービスの例が載っている（スウェーデン・アメリカ・韓国）が，そこから日本でも学ぶべきことがあれば，そのサービスについて900字でまとめなさい。
(2) 自力で読書が困難な高齢者に対する図書館サービスについて，考えられる方法をあげなさい。

参考文献
1. 溝上智恵子・呑海沙織・綿抜豊昭編著『高齢社会につなぐ図書館の役割－高齢者の知的欲求と余暇を受け入れる試み』学文社，2012年
2. 堀薫夫編著『教育老年学と高齢者学習』学文社，2012年

注）
1) スウェーデンの女流思想家・教育者。1900年に"Barnets arhundrade"と題する著書を刊行した。日本には，1906年，ドイツ語版からの翻訳が紹介されている。エレン・ケイ著，大村仁太郎訳編『二十世紀は児童の世界』精華書院，1906年。その後，何度か翻訳しなおされ，『児童の世紀』で定着している。
2) コフィー・アナン「～すべての年齢の人にとって暮らしやすい社会を築き上げよう～」第２回高齢者問題世界会議（スペイン・マドリード，2002年４月8-12日）における演説，国際連合広報センター。http://www.unic.or.jp/news_press/features_backgrounders/1231/（'17.10.20現在参照可）。
3) 内閣府の『平成21年度高齢者の日常生活に関する意識調査』http://www8.cao.go.jp/kourei/ishiki/h21/sougou/zentai/（'17.10.20現在参照可）p.110によれば，「高齢者とは何歳以上か」という設問に対する回答は，65歳以上10.8％，70歳以上，42.3％，75歳以上27.4％，80歳以上10.8％となっている。
4) バーバラ・T・メイツ著，高島涼子［ほか］訳『高齢者への図書館サービスガイド：55歳以上図書館利用者プログラム作成とサービス』京都大学図書館情報学研究会，2006年，pp.11-20。
5) 超高齢社会における生涯学習の在り方に関する検討会『長寿社会における生涯学習の在り方について～人生100年　いくつになっても　学ぶ幸せ「幸齢社会」～』2012年３月。http://www.mext.go.jp/component/a_menu/education/detail/__icsFiles/afieldfile/2012/03/28/1319112_1.pdf（'17.10.10現在参照可）。
6) 国立教育会館社会教育研修所編『高齢者の学習・社会参加活動の国際比較　成人教育に関する国際比較調査報告書』国立教育会館社会教育研修所，1997年，pp.348-351。
7) 前掲，内閣府，p.105。
8) 堀薫夫「人口の高齢化は学習をどう変えるか」関口礼子［ほか］著『新しい時代の生涯学習　第２版』有斐閣，2009年，pp.178-179。
9) 呑海沙織「高齢社会における図書館サービス」『図書館雑誌』Vol.108，No.5，p.315。
10) たとえば，今後は仕事でパソコンを駆使してきた高齢者が増えるので，そうした人材を活用して高齢者や視覚障がい者を対象としたパソコン支援グループをつくるなどが考えられる。
11) 遠山昭雄監修『はじめよう老人ケアに紙芝居－観ること，つくること，演じることの楽しみ』雲母書房，2006年，pp.18-47。
12) 「心に歌を　上」『朝日新聞』2003年６月30日付夕刊19面。
13) 白根一夫編著『町立図書館をつくった！　増補版　島根県斐川町での実践から』青弓社，2008年，pp.217-241。

10 多文化サービス／矯正施設と図書館サービス

本章では,「図書館利用に障害のある人々」へのサービスとして,日本において近年までサービスがほとんど意識されず,不十分なままであった多文化サービスと矯正施設における読書／図書館サービスについて述べる。

第1節 多文化サービス

a. 範囲と概要

図書館の多文化サービス(写真10-1)とは,奉仕地域・対象者の文化的多様性を反映させた図書館サービスの総称である。その主たる対象としては,言語的,文化的少数者(マイノリティ住民)がまず第一義的にあげられるが,同時にその地域のマジョリティを含むすべての住民が,相互に言語的,文化的相違を理解しあうための資料,情報の提供もその範囲に含む奥行きと広がりをもつサービス概念である。

写真10-1 図書館における多文化サービスの例
　東京都立川市立図書館児童書コーナーの韓国語図書。同市は人口17万8000人のうち外国籍の住民が1.8%を占める(2013年現在)。

日本におけるマイノリティ住民とは,歴史的な経緯をもつ,在日韓国・朝鮮人,中国人をはじめとして,1990年代以降,急速に増えた外国人労働者,中南米出身の日系二世・三世,東南アジアからの難民,留学生などの外国籍の住民があげられる。しかし,日本国籍であっても,アイヌ,海外成長日本人,国際結婚などによる日本国籍取得者やその子どもなどに代表されるさまざまな文化的背景をもった人々が現在の日本社会を構成していることをまず知る必要がある。

b. 歴史

日本の図書館における多文化サービスの発展について,1986(昭和61)年の国際図書館連盟(IFLA)東京大会がひとつの契機になった。この大会で多文化サービスという概念が初めて日本の図書館界に導入されたといってよい。同大会では,日本における公立図書館のこの種のサービスの不在が指摘され,その促進をうながす決議が採択された(巻末資料6)。それ以前の日本の公立図書館では,この種のサービスは東京都立中央図書館の韓国・朝鮮語,中国語資料の収集などのすぐれた例外はあるものの,ほとんどおこなわれていなかった。なお,関西を中心に在日韓国・朝鮮人らを対象とする私設図書館が,これ以前から独自のサービスを展開していたことは特筆に値する。

一方,実践面からみると,IFLA東京大会から直接の影響を受けたものではないが,1988(昭

和63）年に大阪市立生野図書館で「韓国・朝鮮図書コーナー」が，神奈川県厚木市立中央図書館で「国際資料コーナー」が開かれたのが，日本の公立図書館における多文化サービスの始まりである。大阪市生野区は人口の約4分の1を在日韓国・朝鮮人が占めていた区域であり，ほとんど前例がないところから，一歩一歩その歩みを確かめながらサービスを推し進めていった[1]。

　1990年代になると日本社会の労働者不足や，それを受けるかたちでの「出入国管理及び難民認定法」（昭和26年10月4日政令第319号）の改正にともない，外国人住民が増大したことや，おりからの自治体の「国際化」施策を背景に，図書館の多文化サービスの認知度も増していった。しかし，このことのより深い背景としては，1960年代後半以降の日本の公共図書館発展のなかで，「いつでも，どこでも，誰にでも，どんな資料でも」の合言葉のもとに，「住民の権利としての図書館利用」という概念が根づいてきていたこと，なかでも後述するように障害者サービスを実践するなかで，「読書権」を1つのキーワードにすべての住民に対してサービスを保障する必要性と図書館の責任が認識されてきたことから考える必要がある。

c．意義

　図書館の多文化サービスの根底に流れる理念としては，①すべての住民に対して公平で平等な図書館サービスが提供されるべきであるということ，②マイノリティ住民が自らの言語，文化を維持・継承し，発展させる権利を保障するための1つの機関として図書館は位置づけられるということ，③多文化・多民族共生社会におけるマイノリティ，マジョリティ住民の相互理解を促進するために図書館は住民を援助することができるということをあげることができる。

　①については，まず図書館の多文化サービスの1つの有力な論拠として，「外国人もまた納税者である」という視点をあげることができる。これは，欧米などの文献によく書かれていることであるが[2]，税金によってなりたつ公立図書館は，納税者の必要にもとづくべきであり，そこに現在の公立図書館の1つの存在理由がある。だとすれば，納税者である在住外国人にもまた公立図書館の利用の便がはかられなければならない。これは，恩恵ではなく，正当な権利として享受されるべきものである，というのがその主張である。ただし，このことの意義と，論拠としての有力さをふまえたうえで，私たちはもう一歩推し進めて考える必要があるだろう。たとえば，子どもへの図書館サービスを考えるとき，その根拠は親が納税者であるというだけでは不十分である。納税者としての権利に限定されることなく，より深く根底にある「人」の権利として，図書館の利用は保障されなければならない。こうした考えには，前述のように障害者サービスとのかかわりから得られる視点が重要である。本書でも示されているように障害者サービスの原則とは，「人はその障害ゆえに図書館利用に不利益があってはならない」ということであり，そのためには彼女／彼らのニーズに即した資料，設備，人的配置が必要であるということである。

　②については，現在の日本ではマイノリティ住民のこうした権利を明記した法律はほとんど見受けられないが，国際的な条約などにおいてはマイノリティ住民の文化，言語の維持，継承，発展に関する権利が認められるようになってきている。これを言語権，文化享有権という。図書館は多文化サービスをおこなうことにより，住民のこうした権利を保障する社会的機関としての役

割をになうことができる。

③については，日本人が外国人とそのおかれた状況を理解し，また外国人が日本人と日本社会について知り，共生社会を築いていくために多文化サービスは必要であるという趣旨である。これにはマイノリティ住民はマジョリティ住民によって差別され迫害をうける傾向が，国を問わずに存在するという厳しい現実を認識することが肝要である。差別とはマイノリティ住民の側の問題ではなく，差別・迫害をおこなうマジョリティの側の問題であり，マジョリティ住民が変わらなければこの現実は解消されない。異文化理解はまずマジョリティにこそ必要とされるものである。これが本節の冒頭で，「マジョリティを含む」と述べた理由であり，日本の多文化サービスは日本人もその対象とするものである。こうした異文化理解のためのサービスを，クロスカルチュラルサービス（cross-cultural service）ともいう。

d．現状と課題

これまで，日本の多文化サービスに関する全国調査は1988（昭和63）年，1998（平成10）年，2002（平成14）年の3回実施されている[3]。この3回の調査から，外国語図書冊数をまとめたのが表10-1である。

表10-1　外国語図書の所蔵：冊数

	2002年調査		1998年調査		1988年調査
	該当数	累　計	該当数	累　計	
0冊			498（21.9%）		※1987年度に外国語図書を購入した館……404（35.2%）
1～100冊	841（31.3%）	1910（71.1%）	738（32.5%）	1642（72.3%）	
101～500冊	612（22.8%）	1169（43.5%）	551（24.3%）	904（39.8%）	
501～1000冊	189（7.0%）	457（17.0%）	130（5.7%）	353（15.5%）	
1001冊以上	268（10.0%）	268（10.0%）	223（9.8%）	223（9.8%）	
無回答			132（5.8%）		

2002（平成14）年調査で，1000冊以上の外国語図書を所蔵している図書館が10%ほどであり，表には示していないが外国語図書のコーナーなどをつくっている館が10%前後であることから，おおまかにみて，2002年時点で全国で1割ぐらいの図書館が多文化サービスを実施していたとみてよいだろう。

また，1998（平成10）年調査では，外国人への図書館サービスの課題について「在住外国人への図書館サービスについて，貴館では下記のうちに該当する点がありますか？」という質問をしている。それらの回答（選択式・複数回答可）の上位をまとめたのが，表10-2である。

表10-2　外国人への図書館サービスの課題（1998年調査）

カウンター応対・利用案内作成などの際の職員の外国語能力に難がある	1120（49.3%）
地域外国人のニーズが不明	1102（48.5%）
資料費がない・少ない	897（39.5%）
外国語図書の選書・発注が困難	754（33.2%）
電算入力できない外国語（文字）がある	593（26.1%）

各館とも同じような悩みをかかえ，これは 2015（平成 27）年現在でも大きな変化はないと思われるが，この調査からも 10 年以上が経過し，現状を把握するための調査が必要とされている。

写真 10-2　大泉町立図書館のポルトガル語 OPAC

写真 10-2 は，日本のなかでもサービスの進んでいる群馬県大泉町立図書館のポルトガル語 OPAC の画面であり，写真 10-3 は筆者が 2002（平成 14）年に訪れたアメリカのオークランド公共図書館のアジア分館の入口の写真である。8 言語で表示されているが，この分館ではこの 8 言語を中心にアジアの言語コレクションがある。

今後の展望としては，自治体の国際化部局や地域の外国人自身や支援グループとの連携・協力，都道府県図書館レベルでの研修の充実や外国籍住民の図書館サービスへの参加などがあげられる。民間の図書館関係団体としては，「むすびめの会」（図書館と在住外国人をむすぶ会）が，1991（平成 3）年の創設以来，積極的にこのサービスを推し進めており，同会のウェブサイト（http://sites.google.com/site/musubimenokainew/；'17.10.20 現在参照可）からは，多文化サービスに関する多くの情報を得ることができる。

写真 10-3　オークランド公共図書館アジア分館

第 2 節　矯正施設と図書館サービス

矯正施設とは，刑務所，少年刑務所，拘置所，少年院，少年鑑別所，婦人補導院の総称である。これらの矯正施設での読書環境と図書館サービスは，日本においては古くからその必要性が指摘されながらも，現在でも未整備の状況である。

国際的には，1955（昭和 30）年には国際連合の「被拘禁者取り扱いのための標準最低規則」第 40 項で，「すべての施設は，あらゆる部類の被拘禁者の使用のために，娯楽的及び教育的な図書を適切に備えた図書室を設けなければならず，かつ，それを十分に利用できるよう被拘禁者に奨めなければならない」と定められ，IFLA では 1992 年に「矯正施設被拘禁者に対する図書館サービスのためのガイドライン」を採択している（最新版は 2005 年に定められた第 3 版である）。

日本の刑事施設における書籍などの取り扱いについては，2006（平成18）年に施行された新法「刑事収容施設及び被収容者等の処遇に関する法律」（平成17年5月25日法律第50号，略称「新監獄法」）の「第2編　被収容者等の処遇」のなかに「第8節　書籍等の閲覧」がある（巻末資料7）。そこでは，被収容者の読める書籍は被収容者が購入や差し入れなどによって取得する「自弁の書籍等」と，刑事施設に備え付けられる「備付書籍等」に分けられている。備付書籍については，参考文献4の6施設の調査によると，広島拘置所の4703冊から静岡刑務所の2万5388冊まで開きがあり，6施設平均は約1650冊である。同書では，「新監獄法」の第69条（自弁の書籍等の閲覧）について，「本を何冊でも買うことができる多額の領置金のある被収容者か，あるいは差し入れてくれる家族のある被収容者にとっては意味のある規定であろうが，大多数の被収容者にとっては，現実には『絵に描いた餅』に等しい」[4]とし，その経済状況について具体的に新聞購読に関する記述で被収容者の1カ月分の作業報奨金が，2005（平成17）年予算において一人あたり平均3833円であることを指摘している。拘禁者間格差を生じさせないためにも，自弁の書籍に関する規定と同時に，刑事施設における図書館の充実が急がれるべきである。

　少年院については，日本図書館研究会児童ヤングアダルトサービス研究グループが2005（平成17）年におこなった調査結果[5]がある。これによると，調査紙送付50施設中有効回答数22施設で，蔵書冊数は500冊から1万1958冊，年間購入予算は約11～60万円となっており，やはり刑務所などと同様に整備は進んでいない。

　なお，矯正施設と公共図書館との連携については，2010（平成22）年度に国立国会図書館によっておこなわれた「公共図書館における障害者サービスに関する調査研究」[6]では，全国で26の公共図書館が矯正施設にサービスを提供していると答えているが，同調査の回答館が2272館であることと考え合わせると実績は未だ少ない。しかし，2010年にこうした問題を考える「矯正と図書館サービス連絡会」（矯図連）[7]が発足し，前述の参考文献4が出版されるなど，徐々にではあるが矯正施設と図書館サービスの模索が始められている。

設　問

(1) インターネットを検索して現在の日本の外国籍住民の国籍別人数を調べ，それにもとづいてあなたの考える多文化サービスに必要な要件について，900字程度にまとめなさい。
(2) 参考文献などを参照し，なぜ矯正施設に図書館が必要かを900字程度にまとめなさい。

参考文献
1. 深井耀子『多文化社会の図書館サービス：カナダ・北欧の経験』青木書店，1993年
2. 日本図書館協会多文化サービス研究委員会編『多文化サービス入門』日本図書館協会，2004年
3. 国際図書館連盟多文化社会図書館サービス分科会編，日本図書館協会多文化サービス委員会訳・解説『多文化コミュニティ：図書館サービスのためのガイドライン』（第3版）日本図書館協会，2012年
4. 中根憲一『刑務所図書館：受刑者の更生と社会復帰のために』出版ニュース社，2010年
5. 日置将之「矯正施設の読書環境と図書館サービス」小林卓・野口武悟編著『図書館サービスの可能性：利用

に障害のある人々へのサービス　その動向と分析』日外アソシエーツ，2012年，pp.145-179

注)
1) 当時の生野図書館の様子を伝える文献として，村岡和彦「生野図書館の"韓国・朝鮮図書コーナー"訪問」(『みんなの図書館』No.139. 1988.12, pp.60-71) や桐生偉人「韓国・朝鮮図書コーナーづくり」(『図書館界』vol.40, No.5, 1989.1, pp.236-239) などがある。また，図書館の多文化サービスに関する文献リストについては，http://researchmap.jp/kawakarpo/bibliography/ ('17.10.20 現在参照可) に掲載しているので参照されたい。
2) たとえば，Leonard Wertheimer, 'Multicultural Populations, Library Services to' Robert Wedgeworth, ed. *World encyclopedia of library and information services*, 3rd edition, American Library Association, Chicago, 1993, pp.589-593. などにその記述がある。
3) それぞれの調査の発表媒体は，以下のとおりである。なお，1988年調査は，直接にはIFLA東京大会の決議に対応しての調査であったが，本調査が「図書館の調査」であるのに対し，決議で求められていたのは「ニーズの調査」であり，今日にいたるまで，マイノリティ住民の図書館ニーズの本格的調査はおこなわれていない。
・河村宏「図書館の多文化サービス：『多文化サービス実態調査 (1988)』の分析1：公共図書館」『現代の図書館』Vol.27, No.2, 1989年，pp.118-125
・日本図書館協会障害者サービス委員会編『「多文化サービス実態調査1998」報告書』日本図書館協会，1999.3.
・JLA図書館調査事業委員会事務局「多文化サービスについて：2002年図書館調査ミニ付帯調査結果報告」『図書館雑誌』Vol. 97, No.2, 2003年，pp.106-107
4) 中根憲一『刑務所図書館：受刑者の更生と社会復帰のために』出版ニュース社，2010年，p.216。
5) 脇谷邦子・日置将之「少年院と図書館サービス」『大阪府立図書館紀要』No.35, 2006年，pp.7-32。
6) 国立国会図書館『公共図書館における障害者サービスに関する調査研究』2011年4月15日，「カレントアウェアネス・ポータル」http://current.ndl.go.jp/FY2010_research ('17.10.20 現在参照可) よりpdfファイルにて参照可。
7) 各地の実践事例や文献の収集・検討，図書館や矯正施設への提言などをおこなうことをめざして，2010年9月に発足した任意団体。図書館員や矯正施設関係者のほか，出版関係者や刑事政策の研究者などで構成されている。「矯正と図書館サービス連絡会」http://kyotoren.cocolog-nifty.com/ ('17.10.20 現在参照可)。

※本章は，2015年4月に逝去された小林卓氏の遺稿をご家族同意のうえ掲載した (合掌)。

11 コミュニティサービス

　この章では，コミュニティサービスの意味や意義を解説し，その事例を提示する。その際，コミュニティサービスと課題解決支援サービスとのちがいを理解することや，このサービスの実施を中心として公共図書館が地域社会において担う理想的な役割の1つが，地域社会のいわばポータルサイトであることをポイントとして理解しよう。

第1節　コミュニティサービスとは

a．コミュニティサービス（地域情報サービス，コミュニティ情報サービス）

　「コミュニティサービス」(community service) は，「地域情報サービス」ないし「コミュニティ情報サービス」とも称される。「コミュニティ情報」(community information) とは，「プログラム，サービス，催事，団体および個人（ストーリーテラー，市民の指導者など）を含む，コミュニティの情報要求を満たすところの非書誌的資源」である[1]。また，「コミュニティ情報システム」(community information system, CIS) は，「主に地方の住民，居住予定者および観光客が利用するための，地方のコミュニティまたはコミュニティの少人数のグループに関する，自治体，ビジネス，歴史および地理情報を提供する集中化されたソース」と規定されている[2]。

　地域社会において，一般市民が日常生活を送るなかで，あるいは地域社会に移り住んでくる人々にとって，さまざまな日常的な"お困りごと"や"お悩みごと"が出てくるものである。また，「あったらいいな」と思う地域情報も数多くある。たとえば，高齢者が相続や遺言についてよく知りたいと思ったとき，地域における司法書士会などによる無料相談会があることを公共図書館によって知れば，高齢者にとって非常に有益である。また，新しく引っ越してきた家族が子どもを学習塾に入れたいと思った際，この家族はどこにどのような学習塾があるのかということから知りたいはずである。公共図書館は，こうした地域の情報をコミュニティサービスとして提供できる。

　このサービスは，提供される地域情報の「種類」をみることで，その内実がより具体的に理解できる。たとえば，米国コネティカット州の「ダンベリー・コミュニティ・ネットワーク」のホームページ（カバー写真）には，次のような項目がある。「芸術」「ビジネス」「ダンベリー市」「クラブ」「教育と図書館」「エンターテインメント」「自治体」「ヘルス＆ソーシャル」「仕事」「子ども」「メディア」「公園」「宗教」「リロケーション」「交通」「インデックス」[3]。コミュニティサービスは，こうした種類の情報を，公共図書館がコミュニティの特性を把握したうえで選択し，提供するサービスである。「非書誌的資源」とある如上の語義から，図書や雑誌記事に限らず，何でも対象となる。

コミュニティサービスの「提供・発信形態」としては紙媒体と電子媒体の2つがある。紙媒体については，自館作成資料のほか，地域社会に所在する団体が発行する機関誌やパンフレット類，各種の機関や団体から提供してもらった相談会や各種イベントなどについての小冊子や一枚もののチラシなどを，図書館が分野ごとにまとめて館内の各種特設コーナーに配置したりしている。地域に関する雑誌や新聞記事のクリッピングを実施しているところもある。電子媒体については，館内自主製作の地域情報データベース（本シリーズ第8巻第5章）や，インターネット上の有用な情報資源へのリンク集などを提供するところが増えてきた。とくに，リンク集としてアップしているコミュニティ情報は，各々の分野の団体・機関のウェブサイトに，いつでもどこからでも，迅速にアクセスすることができ，一般市民にとって非常に便利である。また，電子媒体は，紙媒体での提供と異なり，地域住民以外の人々に対する当該地域の魅力のPRにもなる。たとえば，郷土の名所案内などはその1つである。

b．課題解決支援サービスとのちがい

公共図書館における課題解決支援サービスは2000年以降に登場した図書館サービスの新しい枠組みである。一方のコミュニティサービスは，わが国においては細々とながら以前から続けられてきたサービスである。しかしながら，両者を一括して「課題解決支援サービス」の名のもとに扱っている公共図書館も少なくない。少なくとも利用者の視点からは同じようにみえる場合がある。本シリーズでは，コミュニティサービスの意味と意義を明確にするために，この2のサービスを次のように区分けする。

①課題解決支援サービス：利用者が地域での特定の課題をかかえ，その解決を望んで公共図書館を訪れるときにこれを支援するサービスである（「課題解決支援サービス」の詳細については，第6章を参照のこと）[4]。
②コミュニティサービス：一般市民（図書館利用者ではなくともよい）が地域社会で日常生活を営む際に，あったら便利と思うような地域情報を提供するサービスである。

つまり，地域の特性によって生ずる明確な課題意識を予め図書館が想定してその解決のための資料を準備しておくか，人々が地域社会で日常生活を営む際に必要とする地域の既知の情報や資源を図書館が集約し橋渡しをするかという点が相違する。

この相違は2つのサービスによる資料／情報の提供内容の相違にもつながっていく。どちらの場合も地域の情報が含まれる可能性がありこの点で共通する部分もあるが，前者の目的はあくまで課題解決のための支援であり，一般性の高い資料／情報提供も数多く含まれる（図11-1）。他方，後者は，日常生活に役立つところのもっぱら地域に関する資料／情報提供である。

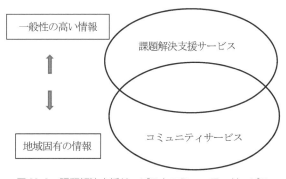

図11-1　課題解決支援サービスとコミュニティサービス

「医療・健康情報サービス」を例にとってみると、「現在患っている持病にとって食べてはいけない食材はあるか、逆に食べたほうがよい食材には何があるか」「現在、処方されている薬の飲み方に注意点はないか」などといったことを調査可能にしておくことは、課題解決支援サービスに属する。公共図書館では、病気や薬の知識に関する資料を収集して「特設コーナー」を設け、利用者に特定の課題意識が生じた場合にアクセスしやすくしておく。資料／情報の提供内容には、地域性は低く一般性が高いといえる。このように考えると「闘病記文庫」もこちらに属する。

他方、休日夜間にもかかわらず「子どもが急に熱を出してしまったが、この時間に開いている病院はないか」といった日常的問題に解決策を提示するのは、コミュニティサービスに属する。内実は、各種ウェブページのリンク集によくみられる休日診療可能な医療機関への「他機関照会」である（ほかにも地域社会に所在する各種団体や機関における「相談窓口」の紹介などもある）。こうした情報は、地域の医学会、あるいは市役所のウェブページでも提供がおこなわれるものであり、必ずしも、図書館でなければならないというものではない。ただ、「地域のことは地域の図書館で」ということを首尾一貫すれば、一般市民にとって公共図書館が有用な存在たりうるのはまちがいない（すなわち、地域のポータルサイトである）。

2つのサービスの内包が重なり合う場合もある。たとえば、「いま腎臓を患っているが同じ病気で地域の人々がつくっている団体はないか」という問いに対し、「（東京都）日野市には『そらまめの会』がある」と答えることで、地域の「患者会」の情報は、課題解決支援サービスで提供するケースもあれば、コミュニティサービスで提供することもありうる。

第2節　コミュニティサービスの事例

a. 調布市立図書館のサービス

近年、一般市民が中心になって地域情報／資料の収集や情報発信を実施し、公共図書館がそれを支援する住民参加型のコミュニティ情報化の事業も出現してきた。その事例の1つが東京都の調布市立図書館である。

この図書館においては、「調布市地域情報化基本計画」をもとにして、「市民の手によるまちの資料情報館」（写真11-1）[5)] が2005（平成17）年からスタートしている。これは、公共図書館が基点となり、ボランティアの一般市民が収集協力員として、「映画のまち調布」「調布

写真11-1　市民の手によるまちの資料情報館「映画のまち調布」

の文学」「調布人間模様」「調布の戦争遺跡」「調布の蔵」などの主題で「地域情報」を収集，その情報をウェブサイトにて提供・発信するというものである。このサービスは，公共図書館が「日々移り変わる地域環境の変化の中」で「調布の記録を残す」ことや，参加型になることを通じてより一層，地域で生活してきた一般市民の生のアイデンティティの再確認にもつながっていよう。

b．鳥取県立図書館のサービス

鳥取県立図書館はビジネス支援サービスが有名である。図書館ウェブサイトのトップページ（写真11-2）には「暮らしや仕事の支援情報」として主として課題解決支援サービスが，また，「鳥取県の情報」としてコミュニティサービスが整理されているが，両者は必ずしも弁別されていない。

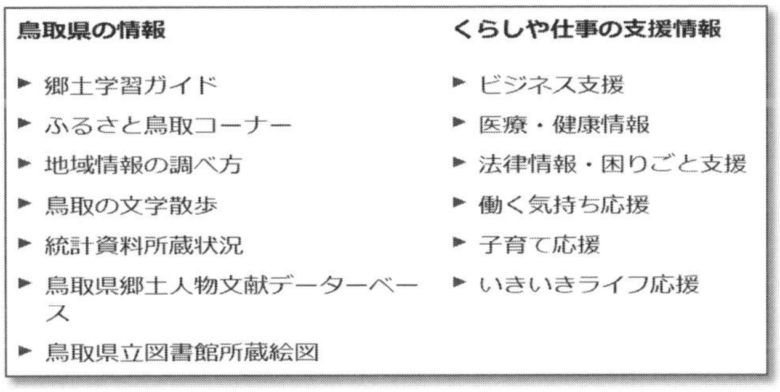

写真11-2　鳥取県立図書館の「コミュニティー情報サービス」（左）と「課題解決支援サービス」（右）

医療・健康情報サービスも充実している。同じ病気の人々やその家族が集って，病気や治療に関する情報の交換を主な目的として結成された地域の各種「患者会会報」についてのリスト資料が作成され，館内に所蔵されているほか，ウェブ上でも「患者会資料」を閲覧することができる。また，休日・夜間診療機関情報を含めた鳥取県内の「病院」や，病気や診療に関する地域内の「相談窓口」のリンク集もアップされている。

そのほか，同様に，地域の「くらしや仕事の支援情報」の項目のもとで，ビジネス支援，法律・情報困りごと支援，働く気持ち応援，子育て応援，いきいきライフ応援と，地域での日常生活において必要となるさまざまな資料・情報提供がなされている。たとえば，子育て応援では，県レベルだけでなく，市町村別の，ひとり親の子育てに関する相談窓口の部署名と電話番号が一覧できる窓口ページへのリンクがはられている。また，法律情報・困りごと支援では，相続・遺言や成年後見などについての，鳥取県行政書士会による行政書士無料相談会の開催日時のお知らせや，夫婦のこと，家庭のこと，生き方などについての，臨床心理士による相談窓口を電話番号つきで知ることができる[6]。

第3節　地域のポータルサイトをめざして

各地域社会に存する公共図書館がコミュニティサービスの実施によってめざす理想は，そこに行けば，あるいはそのウェブサイトにアクセスすれば，一般市民が日常生活を送るなかで生じる情報要求に対する解決のヒントを中心とした，網羅的な地域情報が得られるところになるということである。公共図書館は，「地域を支える情報拠点」[7]たらんとする以上は，地域の一般市民に

とってのいわば「ポータルサイト」たることがめざされるのである。

　「ポータルサイト」（portal site）とは，かつては，ブラウザ（browser）を立ち上げたときに最初に表示するページのことを意味していた。ブラウザの提供元が設定した初期設定のままにしておくユーザもいれば，ブランク（空白）ページを表示させたり，googleなどのサーチエンジンを表示するよう設定したりするユーザがいた。「ポータル」（portal）の意味どおり，インターネット上の無尽蔵なウェブサイトへの「入り口」なのである。ここからこの言葉の意味範囲が変化して，インターネット上では，「ある主題について何でもわかるようにいろいろな手段が用意されたウェブサイト」をさすようにもなっている[8]。公共図書館がこの言葉を理想として掲げる場合は，「コミュニティ情報」を範囲とした後者の意味である。文字どおり，公共図書館のウェブページにおけるウェブサイト上のみの地域情報のリンク集などをさすこともできるが，電子媒体だけでなく，館内における紙媒体における資料・情報提供も含め，公共図書館全体をさすこともできる。

　地域のいわばポータルサイトとしての公共図書館になることには，地域の一般市民の利便性のほかにも意義がある。「地域の知りたいことは図書館へ」という意識が徹底していけば，一般市民は公共図書館を訪れるか，あるいはそのウェブページに接続することから始め，ひいては利用者の増加にもつながるであろう。また，こうした活動から，人々の公共図書館への理解が深まり，公共図書館への賛同者を増やし，次年度の予算獲得にも資することができるという公共図書館側の浮揚戦略にもなりうるという点も見逃してはならない。

設問

(1) あなたがよく利用する，あるいは近隣の都道府県立図書館について，どのようなコミュニティサービスを実施しているか調査し，900字程度でまとめなさい。

(2) (1)の調査を実施したうえで，当該地域社会の実情を踏まえて，このサービス内容についてどのような課題あるいは評価できる点があるか考察しなさい（900字程度）。

参考文献

1. アンドレア・ケニオン＆バーバラ・カッシーニ／野添篤毅監訳・公共図書館による医学情報サービス研究グループ訳『公共図書館員のための消費者健康情報提供ガイド』（JLA図書館実践シリーズ6）日本図書館協会，2007年
2. 「2015年度（平成27年度）公立図書館における課題解決支援サービスに関する報告書」全国公共図書館協議会2016年，http://www.library.metro.tokyo.jp/Portals/0/zenkouto/pdf/2015all.pdf（2017.10.20現在参照可能）

注）
1) MARC 21フォーマットにおける語義。"Online Dictionary for Library and Information Science," http://www.abc-clio.com/ODLIS/odlis_c.aspx（'17.10.20現在参照可）。
2) 同上。
3) http://www.danbury.org/（'17.6.17.現在参照可）。現在，工事中（'17.10.20現在）。なお，ダンベリー・コミュニティー・ネットワークは1995年にダンベリー公共図書館と地域のボランティアらによって設立された。

1930 年代の地域の気取らない写真などを掲載した。HP には，当初，「情報・催事」「コミュニティー（クラブや機関を含む）」「健康・社会サービス」「教育・図書館（域内公私立学校や大学を含む）」「自治体（コネティカット州内の地方政庁に焦点を当てる）」「ビジネス」の6項目の下に情報が提供された。"Online Community Information: Creating a Nexus at Your Library," American Library Association, 2002, pp.49-50.

4) 課題解決支援サービスの定義については，たとえば，「図書館の設置及び運営上の望ましい基準」（2012 年）では，「地域の課題に対応したサービス」という表記のもとで，「住民の生活や仕事に関する課題や，地域の課題の解決に向けた活動を支援するため，住民の要望及び地域の実情を踏まえて実施されるサービス」とされている。http://www.mext.go.jp/a_menu/01_1/08052911/1282451.htm（'17.10.20 現在参照可）。

5) http://lib-machi.chofu.com/eiga_body_lib/（'17.10.20 現在参照可）。

6) 鳥取県立図書館では，「鳥取県の情報」として，「鳥取文学探訪マップ」のリンクをはっている。図書館自身の作成ではないが，「鳥取県にゆかりのある文学者の功績」や，「県が舞台となった文学作品のゆかりの地」をまとめた内容となっている。ここでは，地域の一般市民に役立つ地域情報というよりは，観光客に向けた鳥取の魅力をPRする地域情報，すなわち地域の「名所案内」を提供している。たとえば，「国指定天然記念物鳥取砂丘」http://www.pref.tottori.lg.jp/secure/955309/sakyu.pdf（'17.10.20 現在参照可）。

7) これからの図書館の在り方検討協力者会議『これからの図書館像—地域を支える情報拠点を目指して—』2006 年3月，p.1.

8) この点では「パスファインダー」（pathfinder）を例にあげるまでもなく，「サブジェクトゲートウェイ」（subject gateway）とも意味が重なるところである。齋藤ひとみ・二村健『図書館情報技術論』（本シリーズ第2巻）学文社，2012 年，pp.58-59 を参照のこと。

12 図書館サービスと著作権

　本章では，図書館サービスにかかわる著作権法（昭和45年5月6日法律第48号）の基礎について述べる。本章の条項の番号は，すべて著作権法のものである。巻末に図書館関連部分を掲載したが（巻末資料8），全文はインターネットで閲覧可能になっており，該当する条項については本文を逐一確認してほしい。

第1節　法律用語の「著作物」とは「創造的に表現された作品」のこと

　法律用語で「著作物」とは「創造的に表現されたすべての作品」という特別な意味である。
　日常生活の感覚で考えると，とても「著作」とはいえないと思われるようなものであっても，法律上は「著作物」と認定されているものがある。たとえば，ダンスの踊り方，彫刻，舞台装置，芸術的建造物，映画，ビデオ，写真などである。これらは文字で書かれているわけではないが，「創造的な作品」の一種であり，法律上はまとめて「著作物」という呼び方をしているのである。
　著作権法で保護される「著作物」の定義は，表12-1のとおりである。有名な文言なので，ぜひ覚えておいてほしい。

表12-1　著作権法第2条第1項第一号
> 思想又は感情を創作的に表現したものであつて，文芸，学術，美術又は音楽の範囲に属するものをいう。

　具体的には，以下のものが該当する（第10条）。
①言語の著作物：小説，詩，論文，講演など
②音楽の著作物：楽曲，歌詞
③舞踊の著作物：舞踊，バレエ，ダンスなどの踊り方
④美術の著作物：絵画，彫刻，漫画，美術工芸品など
⑤建築の著作物：芸術的な建造物（設計図は図形の著作物）
⑥地図・図形の著作物：地図と学術的な図面，図表，地球儀，立体模型など
⑦映画の著作物：映画，ビデオ，ゲームソフトなど
⑧写真の著作物：写真，グラビアなど
⑨プログラムの著作物：コンピュータ・プログラムによって書かれたもの
　このように，「著作物」とは創造的に表現された作品すべてをさす。上手下手は関係なく，プロの作品でも小学生の作品でも，条件を満たしていれば，すべて「著作物」となる。
　さらに，次の3つも著作権法保護の対象になる「著作物」である（第11条，第12条）。
⑩二次的著作物：上記の著作物を翻訳，編曲，変形，脚色，翻案（原著作物の内容をもとに改作）した著作物。原作小説を映画化された作品はこれにあたる。
⑪編集著作物：新聞，雑誌，百科事典，文学全集，職業別電話帳など（五十音順の人名別電話

帳は，配列に創作性がみられないため，保護の対象にはならない）。素材の選択や配列に創作性があるものは，保護の対象となる

⑫データベースの著作物：編集著作物のうち，コンピュータで検索できるもの

第2節　「著作者」が「著作者人格権」と「著作権」をもつ

著作権法上の用語を表12-2にまとめた。「著作者」とは，法律用語でいうところの「著作物」の作り手のことである。

表12-2　著作権法上の用語

法律用語	意味
著作物	創造的に表現されたすべての作品（第1節の①～⑨）
著作者	創造的な作品の作り手（著者，編者，訳者，製作者など）
著作者人格権	作り手の人格的な利益を保護する権利で，作り手がもつ固有の権利
著作権	創造的な作品の財産的な利益を保護する権利で，他人に譲渡が可能

つまり，「創造的な作品の作り手」のことである（第2条第1項第二号）。

著作権法では，著作者（作り手）の権利として，「著作者人格権」と「著作権」とを定めている（第17条）。「著作者人格権」は，著作者だけがもっている人格的な利益を保護する権利で，他人に譲渡することはできない。他方，財産的な利益を保護する「著作権」は，その一部，または全部を他人に譲渡することができる（「著作者人格権」については次の第3節で，「著作権」については第4節で解説する）。

第3節　著作者人格権

著作者人格権とは，あらゆる著作物に共通して認められる著作者の権利で，次の3項目がある。

①公表権（第18条）：著作物を公表するかしないかは，著作者本人の同意がいるということである。

②氏名表示権（第19条）：著作者には，氏名を表示しなかったり，ペンネームを使ったりする権利があるということである。

③同一性保持権（第20条）：著作物に勝手に手を加え，元のものを改変してはならないとする権利で，同意を得なければ権利侵害になる。

第4節　著作権（財産権）

著作権とは，個々の著作物に関して認められる著作者の権利のことで，次の11項目がある。

①複製権（第21条）：複製とは，印刷，写真，複写，録音，録画その他の方法により有形的に再製することをいう（第2条第1項第十五号）。コピー機によるコピーだけでなく，CDやDVDのダビング，テレビ番組やコンサートの録音・録画なども複製にあたる。

②上演権・演奏権（第22条）：不特定多数の人々を相手に，著作権法で保護されている劇の上演や，音楽の演奏を，著作者に無断でおこなってはならないということである。喫茶店や飲食店でBGMとして音楽を流す場合は，原則として権利者（演奏権者）の許諾が必要である。

③上映権（第22条の2）：かつては，映画の著作物のみに認められた権利であったが，現在では，建物の壁面に著作物を上映して公衆に見せること（プロジェクションマッピングなど）も，著作権者の許諾が必要となっている。

④公衆送信権など（第23条）：公衆送信には，放送，有線放送，自動公衆送信の3種類がある。自動公衆送信とは，サーバー上に著作物をアップロードし，利用者がアクセスすることによって著作物が送信されることをいう。

⑤口述権（第24条）：文学作品の朗読や，講演が該当する。

⑥展示権（第25条）

⑦頒布権（第26条の1）：映画の著作物にのみ認められた権利で，その複製物の著作権者（映画製作会社）が独占的に頒布（販売や貸与）できるというものである。その映画のなかで使われている「複製」の許可が得られているものについては，「頒布」もしてよいというのが同条第2項である。

⑧譲渡権（第26条の2）

⑨貸与権（第26条の3）

⑩翻訳権・翻案権（第27条）

⑪二次的著作物の利用権（第28条）：翻訳物の出版には，原作者の許諾も必要になるということである。

第5節　著作権法で保護されない著作物

著作物（＝創造的に表現された作品）には，基本的に上で述べたような権利が自動的に発生するが，一部，著作権法で保護されない著作物がある。次のものは無断・無料で自由に使ってさしつかえない（第10条，第13条，第51～54条）。

・プログラム言語そのもの
・法令・条例・規則，国・自治体の告示・訓令・通達，裁判所の判決・命令，公開の政治演説
・著作権の保護期間（わが国では，著作者の死後50年，団体名義の著作物の場合は公表後50年，映画の著作物は発表後70年）が過ぎたもの
・民話，伝説などの聞き書き（ただし，それらに新たな話を加えたものは保護の対象となる）

第6節　著作権処理

著作権法で保護されている著作物を使用する際には，原則として著作権処理をおこなう。

①著作権者の許諾を得る

　使用方法や使用条件など許諾の範囲を契約で明確にしておくことが重要である。
②著作権管理団体を利用して，間接的に使用料を支払う

　著作権管理団体には，次の2つがある。
・公益社団法人日本複製権センター（1991年設立；2012年に日本複写権センターより改称）

　著作物の複写（コピー）に関して集中的に権利処理をおこなう団体
・一般社団法人著作権情報集中処理機構（2009年設立）

　一般社団法人日本音楽著作権協会などの権利者団体と，利用者団体が共同で設立した第三者機関。音楽著作権の一括集中処理を担当

第7節　著作権処理を必要としない条件

　著作権法には著作物の「公正な利用に留意しつつ」「文化の発展に寄与する」（第1条）という側面があるため，著作権者の経済的な利益を損わない範囲において，著作物を自由に利用できる条件を定めている。ここでは，一般的な使用の場面で，著作権処理を必要としない場合について述べる。図書館での特例は，次節で述べる。

a．私的使用のための複製

　自分自身や家族，親しい友人など限られた範囲内で著作物を複製して利用することができる（第30条）。もっとも典型的な例は，コンビニでのコピーやテレビ番組の録画である。ただし，使用する本人がコピーすることが条件で，使用する人数は通常4，5人程度とされている[1]。営利目的の使用（たとえば入場料を徴収）は私的使用に当たらず，適用外となる。

b．引用

　引用箇所を明記することによって他人の著作物を自分の著作物に引用することができる（第32条）。図書を引用する場合は著者名，タイトル，出版社，出版年，ページなどを，ウェブページを引用する場合はURLと参照した日付などを明記する。

c．学校そのほかの教育機関における複製

　文部科学省が教育機関として認めるところ，およびこれに準じるところでは，授業を担当する教員と，授業を受ける児童・生徒・学生は，人数分のみの複製をおこなうことができる（第35条）。営利目的の予備校，塾，カルチャースクールなどは，適用外である。

d．試験問題としての複製

　事前に承諾を得るとなると，著作者を通じて，どの試験に出題するかが流出するおそれがあるため，公表された著作物を入学試験や学校の期末試験，また，資格試験や入社試験の試験問題として複製する場合には，著作権者の許諾を得なくてもよいとされている（第36条第1項）。後日，出版社が大学の過去問題集として出版する場合は，大学とその著作物の著作権者の両方から許諾を得る必要がある。許諾を得なくてよいのは，当日の試験問題に限る。

e．営利を目的としない上演など

　学芸会や文化祭で無償で「物語」を上演したり，図書館や公民館で「音楽」を演奏，「映画」を上映したりすることは認められている（第38条）。ただし，ディズニーのキャラクターなどは，キャラクターの使用に別の商業上の権利がかかわってくるので注意が必要である。ミッキーマウスの似顔絵，シルエットを使用しただけでも訴えられる。

第8節　図書館サービスにかかわる著作権

　著作権法の改正は頻繁に起こる。最近では，2014（平成26）年5月に改正され（翌年1月施行），紙媒体による出版のみを対象とした出版権制度が見直され，電子書籍に対応した出版権の整備をおこなうことが定められた。

　図書館サービスにかかわる改正としては，2009（平成21）年6月改正（翌年1月施行）のものがある。その柱は，①インターネットなどを活用した著作物利用の円滑化を図るための措置，②違法な著作物の流通抑止のための措置，③障がい者の情報利用の機会の確保のための措置，④その他の4点である[2]。このうち，図書館サービスに関係するのは①と③である。とくに，③の改正によって図書館の障害者サービスが大きく進展することとなった。以下では，これらの改正点を中心に説明する。

a．図書館における複製

　著作物の複製をおこなうことができる図書館（第31条第1項）とは，国立国会図書館，大学図書館，公共図書館，政令で定める図書館などであるが，学校図書館や企業の図書館は含まれない。

　図書館で著作物の複製ができる条件は，次のとおりである。①複製する対象は，図書館の所蔵資料（公表されている資料）に限り，②利用者の求めに応じて，③調査研究の用に供するため，④図書館が主体となって[3]，⑤著作物の一部を，⑥利用者一人につき，同じ個所を一部だけ複製できる。ここでいう③の調査研究とは，利用者が調べ物をすることを想定している。⑤の一部分とは，一般には個々の著作物の総量の半分以下という意味であり，著作物の前半までという意味ではない。図書ではその総ページ数の半分まで，百科事典の項目ではその説明の半分まで，1枚ものの地図や論文・短歌・俳句もその半分まで[4]ということである。ただし，定期刊行物については，次号が刊行されれば，その記事・論文全部の複製が可能である（ただし，雑誌の1号分をまるごとコピーするのは，編集著作物全体の複製にあたるため，許諾が必要である）。

　なお，図書館が所蔵する稀こう本（貴重書）の損傷や紛失を防ぐため，原本は保存用として，閲覧用に複製物を一部作成することや，所蔵する資料の汚損・欠損ページの補完のための複製は認められている。資料種別は問わず，複製の手段はとくに限定されていない[5]。

b．視覚障がい者向けコンテンツ作成のための複製

　主な改正点は，①視覚障がい者の範囲を「視覚による表現の認識に障害のある者」（発達障がい，色覚障がいなど）にまで拡大したこと，②適用範囲を，公共図書館，大学図書館，学校図書

館，国立国会図書館などに広げたこと，③録音図書以外（拡大図書やデジタル録音図書）も作成できるようになったこと，④作成資料の利用方式が，貸出やインターネットによる配信に加え，譲渡も可能になったことがあげられる。反面，⑤作成資料の範囲が，文字，絵画，写真のような「視覚によりその表現が認識される方式により公衆に提供され，または提示されているもの」に限定され，⑥市場ですでに流通していて入手できる状態にある場合には，著作権者の許諾なしにその形式で作成することは不可となった（第37条第3項）[6]。

c．聴覚障がい者向けコンテンツ作成のための複製

主な改正点は，①聴覚障がい者の範囲を「聴覚による表現の認識に障害のある者」（発達障がい，難聴など）にまで拡大したこと，②適用範囲を公共図書館，大学図書館，学校図書館などにまで広げたこと，③字幕のリアルタイムでの自動公衆送信に加え，映画やテレビ放送番組などに字幕や手話などを付け複製し，貸出や自動公衆送信が可能になったことがあげられる（第37条の2）。

設問

(1) 図書館での複製について，法改正によりどのようなことが可能になったのか，具体的な事例を調べ，900字程度で説明しなさい。
(2) 著作権の一部を自発的に放棄する「パブリックドメイン」（たとえば，クリエイティブコモンズや自由利用マーク，EYEマークなど）について調べてみよう。

参考文献
1. 黒澤節男『Q&Aで学ぶ図書館の著作権基礎知識』第3版，太田出版，2011年
2. 日本図書館協会障害者サービス委員会，同著作権委員会編『障害者サービスと著作権法』日本図書館協会，2014年

注
1) 著作権審議会第5小委員会報告書，1981年。
2) 南亮一「小特集 著作権法改正と障害者サービス：2009年著作権法改正によって図書館にできるようになったこと：障害者サービスに関して」『図書館雑誌』Vol.104, No.7, 2010年7月, pp.430-433。
3) 公益社団法人日本複製権センターでは，コイン式複写機による利用者自身の複写は，以下の条件を満たせば第31条の複製に該当するとしている。複写機が図書館の管理下にあり，図書館は利用者からの複写の申し込みを審査し，利用者が複写したあと，図書館は申込内容と一致しているかを確認するというものである。
4) 俳句・短歌を半分だけ複製するのは非現実的であるため，2006年，権利者団体と国公私立大学図書館協力委員会を始めとする利用者団体との協議により，コピー1枚に満たないものは半分を覆い隠すことなく複製することが認められた。
5) ファクシミリ（FAX）による著作物の送信は，公衆送信権（第23条）に抵触するため不可である。ただし，2004年以降，大学図書館と権利者団体との合意により，大学図書館間のILLにおいてFAXやインターネット送信が許諾された。
6) 前掲，南。

13 利用者に対する接遇・コミュニケーション，広報

　図書館は，利用者がいて初めて図書館の図書館たる意義が発揮される。その利用者は，常に自分に最もふさわしい利益を出力してくれる図書館を求めている。この章では図書館と利用者との間でおこなわれる意思疎通（コミュニケーション）の重要性について扱う。

第1節　初めての来館者

　初めて図書館（公共図書館）を訪れる人の立場にたって考えてみよう。「初めての来館者」といっても次の2つの場合がある。①生まれて初めて公共図書館という施設を訪れる人（めったにいないだろうがまったくいないわけではない）と，②その図書館を初めて訪れる人（ほかの自治体の公共図書館を利用した経験はある）。この人たちが「また，来よう」と思ってもらえるかどうかによって，その図書館の底力が試される。そのために，図書館側は何を準備したらよいのだろうか。また，図書館員はどう対応したらよいのだろうか。これらの人々への対応は，実は，すでに来館前から始まっている。最寄りの駅に降り立ったとき，どちらの方向に歩み出せばよいかから伝える必要がある（写真13-1。第4節で詳述）。

a．生まれて初めて図書館を訪れる人

　自分が生まれて初めて公共図書館を訪れたときのことを思い出してみよう。小学生であれば，すでに学校図書館の利用体験があるだろう。調べ学習などで，どうしても公共図書館の利用が必要になったとき，友だちと一緒に「行ってみよう」と，未知の世界（大人の世界）に踏み出すことになる。あるいは，公共図書館による学校図書館訪問（後述）のあと，興味をもって訪ねてくるかもしれな

写真13-1　最寄り駅の出口前に貼られた案内サイン（JR東日本中央線西国分寺駅）

い。中学生・高校生のヤングアダルトの場合も，最初は，友人と一緒に訪れるケースが多いだろう。
　図書館員なら，「初めて見る顔」はわかるはずである。見慣れぬ複数の子どもが連れだってやってきたとき，それは「初めての来館者」である。彼らには読みたい本，調べたい事柄などの明確な目的がある。公共図書館の使い方に慣れていないだろうから，調べ学習などで求める資料が見つかったとき，「あった，あった！」と大騒ぎするかもしれない。そのとき，図書館員は「大きな声を出してはいけません」と注意すべきだろうか。初めての子どもは叱られた気になって，もう来なくなることも考えられる[1]。
　長じて成人の場合，図書館という施設の利用は初めてであっても，ある程度のイメージはでき

あがっていて，ほかの行政窓口での対応と比べながらの利用ということになるだろう。自分のイメージと合わない場合，クレームとなって表出されることもあり得る。こういうとき，「無料貸本屋」にとどまらない図書館の奥深さを伝えたいものである。

　図書館のイメージはカウンターでの対応で決まる。「この図書館ではこういうことになっています」という押しつけ的な言い方ではよい印象はもってもらえない。利用者がどのような印象を受けるかということに常に配慮する必要がある。

b．初来館者

　新しく移住してきた市町村の図書館を初めて使う利用者は，すでに利用したことのある図書館で慣れ親しんだ手続きでとりあえず利用を開始する。当然，以前利用していた図書館以上の水準を求めるであろう。新規転入者への図書館側からの働きかけは来館以前にすでに始まっていなければならない。東京都日野市立図書館では，自治体への転入手続きのために必ず訪れる部署（たとえば市民窓口課など）に協力を求め，手続きの際に図書館案内を渡してもらっている[2]。

　さて，初来館者は入館するとひとわたり館内をみわたし，その図書館の全体像を把握しようとする。閲覧席の混み具合，蔵書の厚み，書架の配置，新聞雑誌コーナーの充実度，パソコンの利用手続きなどなど。このとき，全体像の理解を手助けするのが後述するサイン（sign，看板，標識，掲示類）である。初来館者を利用登録手続きまでスムーズに導ければまずは成功である。

　「生まれて初めて図書館を訪れる人」と「初来館者」に分けて述べたが，とくに強調しておきたいことは，初めての来館者だからといって特別扱いするということではない。普段の利用者との対応すべてが初めての来館者に接するがごとく自然におこなわれるのが最も望ましい。

第2節　利用者に対する接遇

　図書館員は本質的に"接客業者"である。都道府県立図書館あるいは市区町村立図書館に採用されたならそれ自体優秀な人材の証であろうが，図書館員として優秀かどうかは別問題である。図書館員は利用者に奉仕することがその仕事である。接客業であるからには，利用者に"満足"を与えるのが仕事の目標となる。カウンターでの対応，レファレンスサービス，対面朗読など，利用者と接するときには，利用者の求めるものを100％提供することによって満足を与える仕事である。しかしながら，忙しさによって100点満点の満足を与えることができない場合もあろう。そのときには，せめて"納得"をもち帰ってもらうことに努める。十分な満足が与えられなかったとしても，あなたの人柄と接遇技術によって，利用者の納得を担保する。「自分のためにこれだけやってくれた」という気持ちが利用者に芽生えたとき，個々のサービスでは100点満点に達しなかったとしても，図書館サービスとしては合格点をあげてよいだろう。

a．接遇技術

　「接遇」とは「応接処遇」からきており，「応接」とは「やって来るものを迎えて，いちいち相手をすること」，「処遇」とは「人をある立場から評価して，しかるべき地位を与えること」であ

る(『新明解国語辞典』)。接遇技術は磨かれて光るものであるが,一朝一夕に身につくものではない。日ごろから気をつけておきたいことに,「清楚な身なり」「親切な態度」「丁寧な言葉遣い」の3点がある。

　必ずしも定型的なものがあるわけではないが,図書館員らしい服装がある。無精髭(ひげ),モヒカン刈り,鼻ピアスなどは常識的にいって図書館員向きではない。図書館によっては,ジーンズの着用を許容しているところもあるが,ヒールの高い靴,短すぎるスカートは機動性や安全性の面から禁じているところが多い。エプロンの着用を義務づける図書館もある。図書館実習に出る場合は,この点を確認しておくことが必要である。親切な態度,丁寧な言葉遣いは接客業としてというより,社会人として,「人」としての基本である。

b. 苦情処理能力

　「応接」という点では,苦情を表明する利用者に相対することも接遇に含まれる。苦情は誰でも言われると嫌なものであるが,このように否定的にとらえるのではなく,利用者の"不満足"の現れととらえるべきである。苦情は自らの図書館サービスの足りない点を知る源泉である。

　図書館が定めた規則の誤った理解,解釈のちがいなどで苦情がもち込まれる場合もある。図書館側に落ち度があればもちろんのこと,明らかに利用者側に誤解があったとしても,まずは図書館側の本意を正しく伝えきれていなかったことを素直に詫びるべきである。苦情をもち込まれた当初から図書館側の理を押し通してもぶつかるだけである。ベテランの図書館員は終始笑顔で我慢強く根気強い。精神的にも打たれ強い。利用者の言い分には図書館サービス改善の種が潜んでいるという姿勢でよく耳を傾け,そのうえで,誤解や理解不足があれば規則や基準を示して説明し,納得してもらう必要がある。個人的な憤懣(ふんまん)のはけ口とされるのはご免こうむりたいが,多くの場合,その人なりの「こうすればもっとよくなるのに」という想いが背景にあると考えるべきである。「一理ある」と思えれば「館内で検討します」と引き取るのも効果がある。

第3節　図書館におけるコミュニケーション

a. 図書館におけるコミュニケーションとは何か

　図書館は施設・建物ではなくサービスである。このサービスにどのようなものがあるのか,どんなときに人々の役に立つのか,日ごろから準備しているサービスの内容を利用者に伝える必要がある。これは図書館側から利用者に伝えたい事柄である。一方,利用者のかかえている課題・問題を解決するため,利用者の知的要求を満たすため,読書の楽しみを味わってもらうため,利用者のニーズを知る必要がある。これは利用者側から図書館側に伝えるべき,というよりも,図書館側が汲みあげるべきものである。とくに後者の流れは,新しい図書館サービスを創造するためにも必要である。新規の業務開発のない産業はどんな業種でも斜陽産業になってしまう。

b. 図書館員と利用者とのコミュニケーション

　図書館と利用者の意思疎通は円滑になされなければならない。その場合,図書館という組織と

それを構成する図書館員のそれぞれのレベルにおいて，利用者とのコミュニケーションの機会が生ずる。

　個々の図書館員としては，第2節で扱った接遇技術を磨いて日ごろから準備し，実務においては，いくら忙しくても一人ひとり丁寧に対応する。カウンターに出ている図書館員は，その図書館の顔であると知るべきである。利用者との対話では第三者の存在を常に意識し（誰が聞いているかわからないということ），個人のプライバシーへの配慮を忘れてはならない。一方，カウンターにいる職員より，フロアワーク（配架作業や書架整理など）をしている職員のほうが利用者にとって話しかけやすいという意見もある。フロアーにいる職員とカウンターにいる職員で態度がまったくちがうなどということはあってはならない。

c．インターネット時代のコミュニケーション

　インターネット時代であればこそ，電子メールやtwitterやlineなどのツールを積極的に活用して利用者とコミュニケーションをはかることも有効である。とくに，ヤングアダルトとの対話には今後スマホを介しておこなう機会が増えるであろう（第14章参照）。

　苦情や質問が電子メールなどで寄せられることがある。このときの対応も誠実におこなわなければならない。返信を求めるものには丁寧に応じるが，匿名のメールには基本的に返信しないことを決めている図書館もある[3]。

d．利用者同士の図書館コミュニケーション

　現代人はきわめて限られた範囲で緊密な人間関係を築くものの，広範な人間関係を維持することにあまり興味をもたない。個々の利用者同士は独立した自学自習者である。とはいえ，ゆるい連帯を求めている利用者もいる[4]。図書館友の会などの自主的な団体があるので，その活動を紹介するのもよいし，図書館内にコーナーを設置して情報発信をしてもらうのもよい。

　また，自分が読んで感動した本，世界が広がった本など，感動や知識の広がりを他人と共有したいと願う利用者は意外と多い。東京都日野市立図書館では，他人に勧めたい本を紹介するコーナー「読書のアサガオ」という試みをおこなったところ，順調に成長（推薦が増えた）し，観察日記までつけることができたという（カバー写真）。

第4節　利用者への広報

　図書館がどのようなサービスをおこなっているか，利用者にとってどのような利益があるのか，ということを伝えることが重要である。いまだ図書館員に質問をしてもいい（レファレンスサービス）ことを知らない利用者もいる。図書館は広報に力を入れる必要がある。

表13-1　ホームページに盛り込みたい項目

① 初めての利用者に伝えるべき事柄
（初来館者にわかりやすい）交通アクセス，地図，所在地，連絡先，駐車場の有無・収容台数，利用案内（貸出冊数・貸出期間など），館内配置，特色あるコレクションの紹介など
② 更新情報
イベント（お話会，読み聞かせ，ブックトーク，映写会など）のお知らせ，新着図書情報など
③ 地域住民へ伝えるべきディープな情報
a．提供する図書館サービスの種類・内容（レファレンスサービス，ILLの紹介など），各コーナーの案内，課題解決支援情報，情報の効率のよい探し方（パスファインダー，OPAC利用案内など）　b．図書館の歴史（沿革），郷土・地方行政関係など

a．図書館案内（館内パンフレット）

　図書館案内はどの図書館でも必ず作成している。その目的は初めての来館者にその図書館をよりよく使ってもらうためである。利用案内，館内見取り図，コーナーごとの特色などが盛り込まれる。ページ数が限られるため，コンパクトなスペースに最大限の情報を効果的に盛り込まなければならない。

b．ホームページ

　その自治体の新しく居住者となった人々が参照するのが間違いなく図書館のホームページ（以下，HP）であろう。HPは来館者・非来館者を問わず図書館サービスへの窓口である。トップページはわかりやすく構成したい。ごてごてと飾りたてる必要はない。また，あれもこれもと情報を盛り込んでも，利用者は，最初にクリックすべき項目に迷いが生じて，しまいには嫌気がさしてしまう。ここでは，次のようにレベルを分けて整理することを提案したい。①初めての利用者に伝えるべき事柄，②更新情報，③地域住民に伝えるべきディープな情報の3つに区分けすることである（表13-1）。③は，全般的にいって図書館利用が活発でない市民にいかに図書館が役立つ施設であるかをアピールするための情報提供と考えてよい。もちろん，蔵書検索の窓口は，トップページのなかでも一番目立つようにしておく。障がいのある人々への配慮も忘れてはならない[5]。

c．図書館報

　各図書館では，図書館側から地域住民に伝えたい事柄を定期刊行物にして配布してきた。『○○図書館報』『○○図書館通信』『図書館の広場』など，自由に名称がつけられ図書館員自らが編集にたずさわる。図書館でおこなわれるイベントのお知らせ，新着図書情報，今月の貸出トップ10や，図書館小話，あるいは，利用者による本の紹介などがその主な内容である。毎号必ず載せておきたいのは，第1節でふれたような初めての来館者のために，本館分館構成，所在地，連絡先である。自治体内関係部署にはもちろんのこと，公民館，障がい者施設，あるいは，可能なら駅やスーパーマーケットなどにもおいてもらえるよう交渉する。

d．サイン

　居住する人々，通行する人々に伝えたい事柄を看板・ポスターを用いておこなうことがある。図書館でもこうしたことをおこな

▲①吊り下げサイン

▲②側板見出し

▲③連見出し

▲④手づくりの書架見出し

▲⑤差し込み見出し

写真13-2　東京都日野市立図書館のサイン

い，これらはまとめて「サイン」と呼ばれる。サインは，大見出し，中見出し，小見出しのように階層的に構成し，また，利用者の動線上に適切に配置する。天井から吊るすもの（①吊り下げサイン：写真13-2，以下同じ），書架の側板に掲げるもの（②側板見出し），ポスターのように貼るもの，書架を説明するもの（③連見出し。連とは書架を数えるときの単位），書架に挟み込むもの（⑤差し込み見出し，または，差し込みサイン）などがある。サインは少なくても，多すぎてもよくない。図書の面出し展示（表紙を前面にして陳列すること）もサインの1つと考えてよいだろう。

　サインは，ゆるやかなコミュニケーションツールであるといわれる。サインにより，本の可能性や図書館の多様性をよりよく伝えることができる[6]。サインを用いる目的は，利用者の図書館利用の便を向上させることであり，図書館員にいちいち聞かなくても自分で目的を達せられるようにするもの，注意事項や禁止事項に気づいてもらうためのものなどさまざまなものがある。たとえば，「トイレはどこですか？」などの施設の利用の仕方に関する質問を受けた場合，案内が不十分であったととらえサインで利便性が向上できないか検討すべきである。

　サインは館内だけのものではない。最寄りの駅を降り立った来館者がまちがいなくたどり着けるようにすることから始まる（写真13-1，13-3，カバー写真）。海外には図書館自体が大きなサインであることを示す例がある（カバー写真）。

　初来館者が入り口を入って最初に頼りとするのがサインであると知るべきである。入り口には館内案内図をわかりやすく掲げる。カウンターに行くのか書架に行くのか，また，数階に分かれている場合は，何階に行くべきか，入り口に付近に各階の館内配置，蔵書内容などを示す。また，エレベータの乗り口付近にも，また，エレベータのなかにも同様な案内をする。

写真13-3　わかりにくい道筋に適宜配置

大きく役立つのが天井から吊り下げられたサインである。自分が最初に赴くべき場所を示してくれる。また，書架ごとに，その書架の大まかな概要を知ることのできる言葉を配する。NDC（日本十進分類法）にもとづいて掲示してもよい。書架の途中から構成が変わる場合は，書架にサインを挟み込んで知らせる。こうした作成すべきサインと種類・配置などを検討し計画を立てることをサイン計画（sign system）という。

e．展　示

　図書館の入り口付近に展示コーナーが設けられることがよくある。これは，定期的にテーマを決めて蔵書のなかから関連する図書などを選び出し展示するものである。通常，面出し展示で図書の表紙を見せて陳列する。8月によくおこなわれる平和記念展示などが代表的なものである。自治体で決めた市民啓発や強化月間（たとえば，認知症を知る，自殺予防，食育，人権など）に合わせて展示をおこなう場合もある。展示は，図書館が，普段，何を大事に想っているかを，本を通じて密かに発信するコミュニケーションツールでもある（本シリーズ第1巻第1章）。

f．バックヤードツアー

　図書館では図書館サービスを滞りなく実施するために利用者の目に見えないところでさまざまな下準備をしている。表向き月曜日を休館にしている図書館は多いが，仕事を休んでいるというわけでなく，裏ではさまざまな準備作業をしている。こうした図書館員の仕事について一定の理解を得ることも，図書館側から利用者に広報したい内容である。最近は，「バックヤードツアー」あるいは「月曜日の図書館」などといって，図書館員の作業風景や普段目にすることのない閉架書庫などを見学してもらう企画を実施する図書館も増えている（カバー写真）。

g．学校訪問

　小学校3年生くらいになると地域社会の学習のなかで図書館のことが取り上げられる。こうした機会に，図書館側から学校を訪問し，子どもたちに公共図書館のことを知ってもらう。大事な広報活動の1つである。読み聞かせやブックトークにでかけるついででもよい。これは組織的におこなう図書館のコミュニケーションといえる。図書館に興味をもったこどもたちが来館してくれれば図書館員としてはうれしいものだし，ブックトークで紹介した本が読みたいといってやってくる場合は図書館員冥利に尽きる。学校図書館訪問に来た職員をみつけると子どもたちのほうから声をかけてくれるという[7]。こうしたことから将来の図書館応援者が育ってくれるとよい。

第5節　図書館における留意点

　Yahoo知恵袋に図13-1のような素朴な質問があった[8]。これに対する「ベストアンサー」に選ばれた回答は，図書館員ではなく一般の利用者から寄せられたものである。図書館側からするととてもありがたい回答である。善意の利用者たちに迷いを生じさせてしまったカウンターのコミュニケーション不足が指摘できるだろう。

　日ごろから図書館が準備しておくべきこととして，カウンターマニュアル（サービスマニュアル）の整備がある（巻末資料9）。「カウンターに出ている職員は，いわば図書館の顔となり，図書館サービスの最前線で働いていることにな」る。「企業の営業活動をおこなっているのと同

（質　問）　　　　（ベストアンサー）

「図書館で本を返却するとき，カウンターの人が『預かりました。』というまで待つべきか…。
　それとも，本を渡したらそのまま立ち去るか…。
　どっちが正しいのでしょうか？？」

「自分が利用している図書館では，カウンターに返す時に，受付のひとが本をパラパラとめくってチェックしています。
　本の間に何か私物が挟み忘れていないか？返却された本の状態に問題はないか？…等々を調べているんだと思います。ですから当然，全部調べ終わるまではその場で待っています。
　図書館によって対応の仕方は違うでしょうが，取り敢えずは『預かりました』という意志を言葉か態度でカウンターの人が示すまでは，その場にいた方がいいように思いますけど。」

図13-1　YAHOO知恵袋に寄せられた質問と回答

じ」[9]とすら主張されている。カウンターマニュアルは，図書館員によって利用者への対応がバラバラにならないようにするためのもので，図書館運営の目標（ミッションステートメントなど）の確認から始まり，施設全体の決めごと（たとえば，入館制限，駐車スペースの利用，基本的な利用規則など），カウンター対応の重要性・心得，プライバシーの尊重，障がい者への配慮，使ってはならない言葉などについて指針を示す。

　館内では，また，ミーティング・引き継ぎも重要である。そもそも，図書館員同士が十分なコミュニケーションの機会をもたなければならない。また，臨時職員や図書館友の会などのボランティアとの対話や必要事項の伝達も忘れてはならない。

設　問

(1) サイン計画の重要性を論じなさい。また，近隣の公共図書館を例にとり，自分なりの改善策を考えなさい。

(2) 巻末資料9を読み，自分の気が付かなかったことがあればそれを指摘し，所感を900字程度にまとめなさい。

参考文献
1. 仁上幸治『図書館員のためのPR実践講座　味方づくり戦略入門』樹村房，2014年
2. 中川卓美『サインはもっと自由につくる　人と棚をつなげるツール』（JLA図書館実践シリーズ33）日本図書館協会，2017年

注）
1) 東京都日野市立図書館では，子どもたちがゲームなどをして大騒ぎをしている場合は別だが，本をめぐって大声をあげている場合は，基本的に注意しないことにしているという。2017年8月24日，日野市立図書館長へのインタビュー。
2) 同上。
3) 同上。
4) たとえば，定年退職のあと，何らかの社会貢献をしたいと考え，その場を図書館に求める人がいる。「仲間を作りあって，親しく話し合い，何かもうすこし積極的に生きていたいのだけれど当面とっかかりがないから，という人がいくらもいるかも知れないのである。（中略）図書館ないし図書館関連団体がなんとか口火を切ってほしいと思うのである」などの発言が記録されている。近江哲史『図書館力をつけよう　憩いの場を拡げ，学びを深めるために』日外アソシエーツ，2005年，pp.229-230。
5) 公的な機関におけるホームページの作成に関する指針に『高齢者・障害者等配慮設計指針—情報通信における機器，ソフトウェア及びサービス－第3部：ウェブコンテンツ』（JIS X 8341-3:2016）がある。
6) 中川卓美『サインはもっと自由につくる　人と棚をつなげるツール』（JLA図書館実践シリーズ33）日本図書館協会，2017年，p.104-107。
7) 前掲，日野市立図書館長談。
8) 「YAHOO! JAPAN知恵袋」知恵袋トップ＞暮らしと生活ガイド＞公共施設，役所＞図書館「図書館で本を返却するとき，カウンターの…」2008年12月3日投稿。https://detail.chiebukuro.yahoo.co.jp/qa/question_detail/q1021140920（'17.10.20現在参照可）。
9) 図書館の仕事作成委員会『知っておきたい図書館の仕事　館長から各業務担当まですべての方にむけた図書館ガイドブック』エルアイユー，2003年，p.24。

14 図書館利用者の変化

　図書館を利用する利用者は 40 年前と同じではないし，10 年前ともちがうであろう。幼い世代は成長して社会人になり，かつての働き盛りの成人は悠々自適のシルバー世代となる。時の流れのなかで，人々の価値観は変遷し，利用者は変化していく。当然，図書館サービスも利用者に合わせて変わっていかなければならない。この章では図書館サービスの今後を考えるうえで，若い世代の何がどのように変わっていくのかを明らかにする。

第1節　インターネットの登場と図書館

　インターネットと図書館の緊張関係は，すでにインターネットの大衆化とともに始まっていた。当時，世間に衝撃を与えたドン・タプスコット（Don Tapscott, 1947-）の著作 "Growing up digital"[1] には，14 歳の少女の発言が収録されている。

　「いまどき，学校の宿題をするために，図書館に行く子はめったにいない。インターネットから最新の情報が得られるから。」[2]

　同様の発言は日本でもみられた。とくに，日本におけるインターネットの発展を牽引した研究者には多かった[3]。こうした発言に衝撃を受けた図書館関係者は筆者一人ではなかったと思う。

第2節　新しい世代の台頭

　タプスコットの新奇性はテレビ世代とネット世代の世代間ギャップを描いたことにある。第二次世界大戦で多くの人々が亡くなった。その欠落を埋めるかのように多くの子が出生した。米国では，1946〜1964 年の間に生まれた人々は，約 7720 万人で人口比 29％ を占めている。この世代の人々はベビーブーマー（baby boomer）と呼ばれ，テレビの普及期に育ち，ドライブインシアターなどで青春時代を過ごした。この世代が大人になり子を設けるようになると，第 2 次ベビーブームが訪れた。1977 年（この年，パーソナルコンピュータの普及を牽引したアップル社の AppleII が発売された）から 1997 年（タプスコットが著作を発表する前年）までに生まれた人々は約 8110 万人で人口比 30％ である。この世代は，デジタル機器やインターネットの普及とともに成長したと世代と規定できる。人口構成上のこの大きな 2 つのかたまりは，価値意識や消費動向が異なり，米国の経済すら変えていくと論じられたのである。

　タプスコットは，11 年後，新しい調査データをもとに，かつて成長途上にあったネット世代はすでに成長を遂げたという意味で "Grown up digital" というタイトルの続編を刊行した[4]。「今，何かが起きている。ネットジェネレーションは成長した。(中略) 脳神経の配線方法が変わっ

表14-1 ネット世代の各分野への影響

従業員・管理職として	ネット世代は仕事に対して協働的なアプローチをとる。厳格な組織階層を破壊し，組織の人材登用，報酬，人材開発，管理法に再考を迫る。大企業からスタートアップ企業へと人材流出が続き，経営という考え方そのものが変化する。
消費者として	消費者（consumer）ではなくプロシューマ（prosumer）になろうとしている。生産者（producer）と一緒になって製品やサービスのイノベーションをおこなう。これにより，ブランドの概念が大きく変化していく過程にある。
教育の場において	教授法モデルに変化を迫る。教師中心型の指導から生徒中心の協働へとアプローチが変わらざるを得なくなる。
家族内で	親子関係はすでに変化した。彼らがインターネットという非常に重要なもののエキスパートだからである。
市民として	行政サービスのあり方，市民の基本的な責務および民主主義のあり方に対する理解と決定が変わっていく初期段階にある。社会変革を招来しようとする者が増えるなかで，市民運動から政治参加まで大きな変化がおこると予想される。
社会全体として	インターネットによりグローバルな力を発揮し，彼らの市民運動は新しい強力な社会行動主義のようなものになりつつあると考えられる。

てしまった」と，彼は述べ，この世代が影響を与える6分野を整理した（表14-1）。

　米国の教育思想家であり著述家のマーク・プレンスキー（Marc Prensky, 1946-）は，21世紀の初頭にあって，学生たちと話をしていて気がついた。彼らは，「コンピュータやビデオ・ゲーム，インターネットというデジタル言語のネイティブスピーカーである」と。そして，彼らをデジタルネイティブ（digital natives）[5]と呼んだ。デジタルネイティブに対し，後天的にデジタル言語を身につけた人々をデジタルイミグラント（digital immigrants, デジタル移民）と呼び，「デジタル世界に生まれついたわけではないが，人生のある時期にニューテクノロジーに魅了され，それらを取り入れた人々」と定義した。

　「ネットジェネレーション」「デジタルネイティブ」，あるいは，「デジタルチルドレン」「オンラインキッズ」など，いい方はさまざまだが，いずれもデジタル環境の下に育ちデジタル機器にきわめて親和性の高い新しい世代をさす言葉である。こうした新しい世代の台頭に対し，旧世代は，自分たちにはない特別な性向があると漠然と感じていることが共通している。

第3節　新しい世代の情報行動

　新しい世代の人々は，自分たちの問題を解決してくれる情報や情報源をどのように探すのだろうか。本当に，めったに図書館に行かなくなったのだろうか。
　一般に"グーグル世代"と括られる若者たちについて検証したイギリスの研究がある[6]。これによれば，新しい世代の若者たちの情報行動について，次のような特徴が導き出されている。

①若者たちの情報リテラシーは広範なテクノロジーに触れるだけでは改善されない。それどころか，コンピュータの腕前があるように見えことで，かえってやっかいな問題が隠れてしまう。
②若い世代のウェブサーチの時間を考えると，彼らは，ネットから得た情報の今日性，正確性，

権威などの評価にほとんど時間を割かないことがインターネット上の調査で判明している。
③若い世代は自らの情報ニーズへの理解が貧しい。それゆえ，探索戦略を深めることが難しい。
④結果として，彼らは，どのキーワードがより有効かを分析するよりも，自然言語で自分自身を表現することを強く好む。
⑤検索で多くのものがヒットした場合，彼らは資料の妥当性の評価に困難を覚える。また，資料をチラッとでも見ることもせず，ディスクに保存したりプリントアウトしたりする傾向がある。
⑥物理的な図書館の利用は減少している。
⑦若者たちは，インターネットに関する洗練された心象を描けないため，さまざまなプロバイダから提供されるネットワーク情報資源の集合体であるという認識をもちえない。
⑧結果として，インターネットという言葉から最初に連想するのは，YahooやGoogleといったサーチエンジンである。
⑨若者の多くは，図書館が提供する情報資源が直感的であることがわからない。それゆえ，GoogleやYahooを好む。使い慣れているし，簡単で，自分たちの疑問を解決するものと思っている。

どうやら，図書館側にも見すごせない責任があるようである。すなわち，若い世代の人々に，もっと，図書館が有用であることをPRする必要がある。

第4節　読書革命

a．印刷術のもたらした読書革命

　かつて手書きで本をつくっていたころ，本は貴重で誰でも手にできるわけではなく，文字を読める人も少なかった。当時の読書のスタイルは，文字が読める人を中心にその人を囲むように人々が座り，読み手が本を読み上げるのを聞いた。「音読」が中心的な読書のスタイルであった。音声は一過性であり，大事なところを聞き逃してしまってもそのまま先へ進んでしまう。
　グーテンベルクの活版印刷術の登場により読書のあり方に大きな変化がもたらされた。印刷術とは，すなわち，資料（または情報）の大量複製の技術である。以降，社会に複製された均一の情報が大量に出回り，比較的多くの人々の手元に所有されるようになった。読書にあたってはもはや他人に読み上げてもらう必要はなくなった。自分で読み方を覚えた人々は，「黙読」に専念するようになった。黙読が習慣化することにより，文脈を行きつ戻りつしながら，文意をしっかり確認することが容易になった。批判的な読書ができるようになり，「行間を読む」ようにもなった。
　印刷術普及の影響は広範に及んだ。同一の内容の書物が流布することにより，国語の標準化が進んだ。また，綴りの役割に変化が生じた。音読の時代はもっぱら"音"を表記できればよかったが，印刷術以降は，同音異義語を区別する"意味"と結びつけることが厳密化した。さらに，話し言葉と書き言葉の差異が拡大した。書物の供給の増大とともに，文芸批評が展開し，国民文学が開花した。商業用チラシの印刷，軽読書のための「当世もの」の流行，さらに，新聞の発行

など，次代の社会変革を招来する要因となっていった。

b．電子書籍の登場とデジタル読書革命

グーテンベルクからざっと500年，コンピュータとインターネットが社会生活の便利な道具となった。ディスプレーがあれば本の代わりに読書ができることは容易に想像できた。本の中身（コンテンツ）は，当初，フロッピーディスクやCD-ROMで供給された。携帯可能な端末も考案され，1990（平成2）年，電子ブック[7]という呼称をもつ専用端末が発売された。

その後，わが国では，2002（平成14）年頃から2007年頃まで，独自の現象ともいえるケータイ小説ブームが到来した。「ケータイ小説」とは，「携帯電話で執筆し，携帯電話で読む」ことが原則とされるもので，若い世代の日常的な描写が同世代の若者の共感を呼び，読者が急増し，ケータイ小説の配信サイトが出現した。さらにケータイ小説作品が書籍化（紙の本につくり直される）されたり映画化されたり（すなわちメディアミックス）し，1つのジャンルを構成するまでになった。2007（平成19）年には，文芸書の売り上げトップ3をケータイ小説作品が独占し，10位以内に5作品が入るという現象まで引き起こした[8]。

20世紀の末ごろは，通勤通学の電車のなかで，新聞やマンガ，文庫本を読む人が多くみられた。今世紀に入ると，それがケータイ・スマホに代わっていった。facebookやLineなどのSNSなどで，通勤通学の時間を過ごす人々がほとんどとなった。それとともに，読書も電子機器を通じておこなうことに違和感がなくなっていったと思われる。2010（平成22）年，iPadが発売され，わが国では「電子書籍元年」と喧伝された。グーテンベルク以来の読書革命の到来である。

c．スマホ世代と読書

2015年8月，米国の"Wall Street Journal（On line）"が，次のような記事を掲載した[9]。

「1990年代に電子書籍の専用端末が発売されて以来，デジタル読書革命（*digital reading revolution*）が出版界をひっくり返してしまった。ただ，当初の予想と異なり，今後の電子書籍販売を先導するのは専用端末ではなくスマートホンになるだろう。」

すでに述べたように電子機器が登場したことによりデジタル読書革命が起こった。この読書革命がスマホによってさらに大きく変化するというのである。記事は，これまでタブレットコンピュータを含む電子書籍リーダーで読書していた人の比率が下がり（図14-1左），スマホで読書する人々が増えたことを

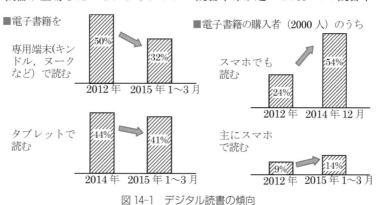

図14-1　デジタル読書の傾向

報告している（図14-1右）。

2007（平成19）年，iPhoneが発売された。この年に出生した人々は，2017（平成29）年に10歳になる。生まれながらにして身の回りにスマホがある世代と規定できる。テレビコマーシャルでも「私たちはスマホと一緒に育つ初めての人類」と語り，自らを"Super Student"と呼んでいたのが記憶に新しい。わが国も米国並みになるのであろうか。

第5節　図書館の対応

わが国の2016（平成28）年度の高校生（17歳，n=403）によるインターネット利用率は96.0％で，そのうちスマホが88.6％，ケータイが1.0％，ノートパソコン22.3％，デスクトップパソコン10.9％，タブレット13.2％であった[10]。別な調査[11]でも，わが国の20代の人々のスマホ利用率が90％台に対し，同年代のタブレット利用率が25.5％であったことを考えると，スマホが若い世代の情報行動の決定的なプラットフォームであるといってよいだろう。

高校生のスマホ利用の内訳[12]は，コミュニケーション（92.3％），動画視聴（82.7％），音楽視聴（81.7％），ゲーム（71.4％），情報検索（71.0％），地図・ナビゲーション（51.8％），ニュース（50.7％），ショッピング・オークション（24.5％），電子書籍（19.9％），その他（3.4％）となっており，「読む」という行為はまだまだだが，「調べる」という行為にはスマホが活用されていることがわかる。

住宅・不動産の専門サイト[13]が2012（平成24）年にインターネット上でおこなった調査によれば，自分の家の隣にあると便利な施設として図14-2のような施設が上げられている。1位と2位は生活に便利な施設で順当な結果だが，3位に図書館がきたことを意外に思う意見が少なからずブログなどにみられた。その多くは「電子書籍の時代になぜ図書館が？」といったものである。しかし，結果がすべてを物語っている。調査対象の年齢層は20〜49歳。インターネットや電子書籍の時代にあっても，図書館は無用の長物とは思われていない。ただ，図書館に実際に行くか行かないかは別な問題のようである[14]。

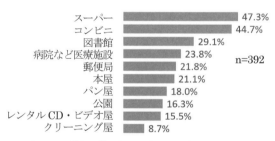

図14-2　「家の隣にあったらいいな」と思う施設

設問

(1) スマホ世代の情報取得行動の特質を考察し，900字程度で論じなさい。
(2) スマホ世代に対する図書館の効用をどのように説くか考察し，900字程度で論じなさい。

参考文献

1. ドン・タプスコット著,橋本恵［ほか］訳『デジタルチルドレン』ソフトバンク,1998年／ドン・タプスコット著,栗原潔訳『デジタルネイティブが世界を変える』翔泳社,2009年
2. 毎日新聞社『2017年版読書世論調査』2017年

注

1) Don Tapscott, "Growing up digital: The rise of net generation," McGraw-Hill, 1998. p.78（邦訳：ドン・タプスコット著,橋本恵［ほか］訳『デジタルチルドレン』ソフトバンク,1998年,p.6-7)。
2) この発言の前後を正確に記すと「この革命（インターネット革命のこと）は,一方的なものではない。インターネットは子どもの質を変えているが,子どももインターネットの質を変えている。私たちがインターネットを設計し生み出したわけではない。けれど,私たちはインターネットに影響を与えている。子どもたちが見てはいけないサイトから子どもを守るためつくられたグリーンライト／レッドライトサーチエンジンを見てごらんなさい。そこには,子ども向けの優良なサイトがたくさんある。私たちはインターネットに大きな影響を与えているし,インターネットは子どもたちに影響を与えている。もはや,学校の宿題をするために,図書館に行く子はめったにいない。インターネットから最新の情報が得られるから。今どきの子どもはインターネットとともに成長し,インターネットも子どもとともに成長している。」前掲。
3) 筆者が記録したもののなかに,たとえば,「現在,コンピュータの雑誌や続々と現れつつあるインターネットの解説書で取り上げられているのは,世界中の大学や研究所などが公開しているアーカイブをサーフしながらおもしろいソフトを手に入れたり,『ネットニュース』を閲読するといった,規模だけは違うがやっていることはパソコン通信と変わらないことである。つまり,インターネットは所詮『図書館』でしかないのである。」（粉川哲夫「インターネットは日本に浸透するか？」『週刊読書人』1994年9月16日号）という記事があった。このなかの「所詮」とか「図書館でしかない」といった語句遣いにふれ,「不当に図書館を軽く見るもので,問題視されるべきある」と指摘したことを思い出す。二村健「インターネット上の電子図書館」『九州大谷研究紀要』九州大谷短期大学,第23号,1997年3月,pp.163-164。
4) Don Tapscott, "*Grown up digital: How the net generation is changing your world*", McGraw-Hill, 2009（邦訳：ドン・タプスコット著,栗原潔訳『デジタルネイティブが世界を変える』翔泳社,2009年,pp.10-)。
5) "digital natives"という言葉の初出は次の文献とされている。Marc Prensky, 'Digital Natives, Digital Immigrants,' "On the Horizon", *MCB University Press*, Vol. 9 No. 5, October 2001, pp.10-11.
6) Peter Williams et al., 'The "Google Generation"–myths and realities about young people's digital information behavior,' David Nicholas and Ian Rowlands ed. "*Digital consumers: reshaping the information profession*", Facet Publishing, Great Britain, 2008, pp.179-180.
7) 1990（平成2）年,sonnyが発売したのが最初。8cm CD-ROMを搭載していた。ただし,読書というよりは,辞書などを調べる用途としての色彩が強い。翌1991年,アップル社の子会社ボイジャー社が,MacのPowerBook用にExpanded Bookというフロッピーディスク版の小説を発売した。読むための電子書籍の最初の例といえる。
8) 杉浦由美子『ケータイ小説のリアル』（中公新書ラクレ279）中央公論新社,2008年,p.23。
9) Jennifer Maloney, 'The rise of phone reading; it's not the e-reader that will be driving future books sales, it's the phone; how publishers are rethinking books for the small screen,' "*Wall Street Journal* (on line)" New York, 12 Aug 2015（邦訳：「スマホ読書が米で急増,専用端末は減る iPhone6も一因」『ウォールストリートジャーナル』2015年8月14日）。
10) 内閣府『平成28年度青少年のインターネット利用環境実態調査調査結果（概要）』平成29年3月,p.10。
11) 総務省『平成28年通信利用動向調査の結果（概要）』平成29年6月8日,p.3。
12) 前掲,内閣府,p.4。
13) SUUMO（スーモ),「隣にあると便利な施設。1,2位は納得の結果に」『住まい・暮らしの「気になる！」を大調査　SUUMOなんでもランキング』Vol.36,2013年03月14日公開（調査日2012年3月26～27日),http://suumo.jp/article/nandemorank/rank/iekaranokyori/524/（'17.10.20現在参照可)。
14) 参考文献2（p.39）によれば,図書館に「ほとんど行かない」と答えた人は68％にのぼる。

15 図書館サービスの展望

　図書館業務の主眼は,利用者が情報源として活用可能な資料を収集・整理し組織化して,検索しやすいかたちで利用者に提供することにある。くわえて,資料を保存し,将来にわたって継続して提供していくことも含まれる。図書館サービスは,図書館が有する情報源へのアクセスを利用者にさまざまなかたちで提供することで成り立つ。社会が図書館に期待する役割が変化することにより,図書館サービスの内容も変わっていく。

第1節　図書館サービスの課題

　現代の図書館が直面している図書館サービスの課題を第1章に掲げた図1-2をもとに整理する(図15-1)。

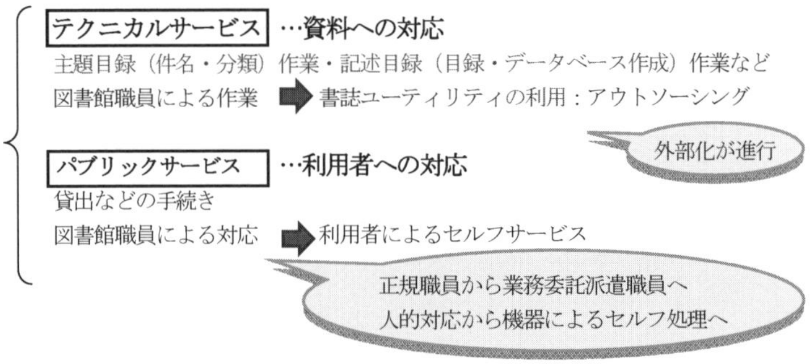

a. テクニカルサービス

　テクニカルサービスは,1960年代までは,図書館職員に必要とされる専門的な知識・技術のなかでも,

```
┌─ テクニカルサービス … 資料への対応
│   主題目録(件名・分類)作業・記述目録(目録・データベース作成)作業など
│   図書館職員による作業 → 書誌ユーティリティの利用:アウトソーシング
│                                                          （外部化が進行）
└─ パブリックサービス … 利用者への対応
    貸出などの手続き
    図書館職員による対応 → 利用者によるセルフサービス
                                （正規職員から業務委託派遣職員へ
                                  人的対応から機器によるセルフ処理へ）
```

図15-1　テクニカルサービスとパブリックサービスの変化

重要な部分を構成するものとされてきた。しかしながら,最近では,司書資格に必要な単位数のなかで占める割合が少なくなっていることにみられるように,その比重は以前よりは低下している。書誌ユーティリティ(bibliographic utility)の定着により,主題目録作業・記述目録作業が各図書館で個別におこなわれてきたものから,データを契約により購入し,外部化(アウトソーシング,outsourcing)によって,装備作業と合わせてその図書館職員以外の人材がおこなうケースが増加している。とはいえ,図書館職員に組織化に関する知識が必要ないというわけではない。書誌ユーティリティから提供されたデータの内容を確認し,その図書館での運用を確実に実施していくことは現在でも図書館員に求められる主要な任務の1つである。また,地域資料や寄贈資料などのなかには,数はそれほど多くないかもしれないが,その図書館でデータを入力する必要が生じるような資料もある。

b. パブリックサービス

　パブリックサービスのうち貸出サービスに関しては,メディアの多様化に合わせて,この30年あまりで,その対象となる資料の幅を広げてきた。現在でも,公共図書館や学校図書館では,図書・雑誌・新聞などの紙に印刷された資料の提供を中心とするサービスは大きな部分を占めて

いる。一方，大学図書館や専門図書館では，分野によって異なるとはいえ，電子メディアで流通する情報へのアクセスを提供することの重要度が以前と比べると高くなってきており，その傾向はさらに強くなっていくと思われる。公共図書館でも，定額制の契約が可能な「日経テレコン21」[1]などをはじめとする外部データベースへのアクセスを利用者に無料で提供する試みや，実験的な電子書籍の貸出などがおこなわれている。今後，どのようなかたちで，また，どのようなスピードで，こうしたサービスが公共図書館に広まっていくのか，その可能性については，2010年代後半の現時点でも，いまだ不透明な部分が大きい。

c．職員配置と図書館サービス

パブリックサービスは，その性格上，利用者との接遇を伴う場面が存在するが，職員の配置については，正規職員の減少が多くの図書館現場で進行している。貸出・返却などのカウンター業務は，非正規職員による対応となっているケースが多く，一般に「自動貸出機」と称されることの多い利用者のセルフサービスによって，貸出手続きと BDS（Book Detection System）の処理がおこなわれる機材が図書館の新設などの際に導入されるようになりつつある。一方で，職員の配置が可能な体制の図書館では，貸出・返却手続きを待つ利用者とは切り離された空間を用意し，落ち着いた環境で職員と利用者のコミュニケーションの場となりうるレファレンス専用カウンターが設置されることもある。

たとえば，web を活用したサービスの導入に関して見てみる（図 15-2）と，インターネットでレファレンス質問を受けつけている館は，県立図書館レベルではほとんどで実施されている（47都道府県の 45 館）ものの市区町村立図書館での実施館はわずかに 66 館にとどまっている（2012年 1 月時点）[2]。一方，webopac は，1000 以上の自治体で導入され（県立 47 館，市区町村立 1119 館で実施，2012 年 12 月現在），web 予約も 900 近い自治体で実施されている（東京都を除く府県立 46館，市区町村立 845 館，2012 年 11 月 26 日時点）。これらを比較すると，図 15-2 の上段と下段の差が歴然としており，利用者によるセルフ化が進行していることがわかる。

OPAC や web 予約は，システムを導入するコストやメンテナンスは必要だが，導入すれば処理が自動化され，職員による業務が軽減されることにもつながってくる（未所蔵の資料がリクエストされた場合は，どのように対応するか職員の判断が必要となる）。一方，レファレンス質問に対応するには，一定の知識経験のある職員の配置が必要であることが，導入館が限定される背景に存在する一因となっているのではないかと思われる。

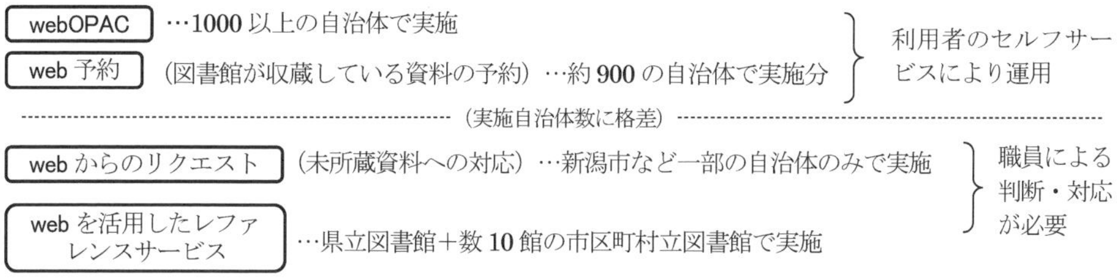

| webOPAC …1000 以上の自治体で実施 | 利用者のセルフサービスにより運用 |
| web 予約 （図書館が収蔵している資料の予約）…約 900 の自治体で実施分 | |

------（実施自治体数に格差）------

| web からのリクエスト （未所蔵資料への対応）…新潟市など一部の自治体のみで実施 | 職員による判断・対応が必要 |
| web を活用したレファレンスサービス …県立図書館＋数 10 館の市区町村立図書館で実施 | |

図 15-2　web を活用したサービスの例

第2節　図書館サービスの将来的展望

　今後の図書館サービスについて，たとえば2006（平成18）年の『これからの図書館像』では，貸出サービスから情報サービスに重点が移行していることが感じられる内容となっている。役に立つサービスをめざす方向性には一定の説得力が感じられるが，多くの公共図書館で，趣味・娯楽のための利用者が多くを占めているのが実態であり，そうした状況にどう対処していくのか。各図書館に固有のサービスポリシー（service policy）（第1章参照）の確立が求められている。

a．役に立つ図書館

　地方財政が悪化するなかで，首長・地方議会議員など直接的に予算審議にかかわる人々に，図書館への経費支出を理解してもらう必要が生じている。それだけでなく，これまで図書館を利用してこなかった住民にも図書館に対する共感を共有してもらい，図書館利用に結びつけていくことが望ましいと考えられる。その方向性の1つが，社会的「生産活動」につながる資料・情報提供である，役に立つサービス，であり，それが「課題解決支援サービス」というかたちで具体化されていると指摘できる。

　課題解決支援サービスは，先の『これからの図書館像』でも取り上げられ，今後の公共図書館の提供すべきサービスの分野の1つと考えられている。具体的な「支援」の領域として，学校教育支援，行政支援，子育て支援，ビジネス支援などがあげられ，また，医療・法律関係情報の提供についても言及されている（第6章で既述）。今後，これまでにない，新しいタイプの「課題」の発見が課題となろう。

b．楽しめる図書館

　生涯学習社会といわれる今日，図書館の「場」としての空間をもっと見直す必要があろう。さらに進んで，図書館法では「調査研究，レクリエーション等に資することを目的とする」（第2条）とあるように，「レクリエーション」もサービス領域の1つにとりあげられていることを，ここであらためて考え直してみたい。

　多くの書籍が電子化され提供されるようになると，当然，来館者数も減ることが予想される。今後，電子図書館が真の意味の図書館足りえるためには，いかに図書館サービスをそこに介在させるかにかかっている。こうした方向から，今後，「非来館者サービス」をさらに深めることはもちろんのこと，逆に，どうしたら図書館に人を呼び込めるかという発想を深めることも同じく重要であろう。前章で扱われた若い世代を取り込むことを考えると，今後，テーマパークのような楽しめる図書館を追求してもよいのではないだろうか。

第3節　新しい図書館サービスの創案

　1970年代以降，公共図書館の利用者と貸出冊数が増加したのは，利用者の要求を確実に受け止めようとする姿勢が図書館に広がり，それによって利用者と図書館との信頼関係が構築されたこ

とが背景になっていたからといえる。しかし，21世紀の今日，こうした言説は空虚に響く。現実は，漸減し続ける資料費と脆弱な職員体制の下，利用者からのクレームをできるだけ誘発しないような対応が求められているというのが，現代の日本の公共図書館状況である。図書館界を斜陽産業にしないためには，たゆまぬ努力と新しいサービスの創造が求められる。

a．FryskLab（the mobile library of FabLab）

筆者が最近目にした海外の事例は，わが国でも検討に値するべきものと考える。

オランダでおこなわれた学校図書館に関するある国際会議[3]の会場の中庭に，1台のバスが停車していた（カバー写真）。大きなパラソルと簡易なテーブルと椅子。見るからに移動図書館である。この国ならではの特徴もあるかしれないと思い，内部を見学してみることにした。入ってみると期待していた移動図書館とはまったく別物であった。そこは技術家庭科の作業室のようであった。コンピュータの基盤のような回路，結線コード，（なんと）バナナ（写真15-1），そして，ひときわ目を引いたのが3Dプリンタ（写真15-2）であった。木工用のレーザーカッターもあった。これは公共図書館の支援を得て活動するある団体[4]が運営している移動体験教室であった。バナナは導体／不導体の実験をする材料とのことである。このグループは，国内外の学校を訪問し，子どもたちに，理科の実験や工作，モノづくりを実際に体験してもらう。授業をおこなう教員からの要請があればいつでも出動する。教科はさまざまで，英語の授業に呼ばれることも多いという。彼らは自らを出身地のFryslân[5]からとってFrysklabと名乗り，ヨーロッパで最初の図書館によって強化されたfablab（fabulous laboratory）と自負している[6]。

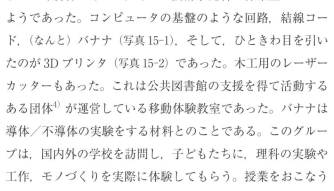

写真15-1 バナナの実験

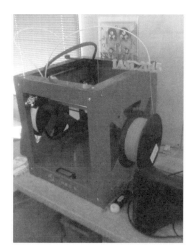

写真15-2 3Dプリンタ

さて，これをどうとらえるか。外見，手法といった点を考えれば，これは移動図書館の進化形であるといえる。間違いなく公共図書館による学校教育への支援サービスである。ただ，そこには図書がない。図書を媒介とするサービスではない。では，図書館サービスとは呼べないのだろうか。いや，図書館がおこなっているという点で図書館サービスである。ここには，図書がなくても図書館サービスはできるという柔軟な思考が求められる。

b．makerspace運動

makaerspaceとはさまざまな機械・工具・材料などを揃え，自由に"モノづくり"のできる場を提供するものである。米国では2006年ころから細々と始まった1つの運動とされている。学校や小売店，空き倉庫などにmakerspaceがつくられるようになった。さらに，時のオバマ大統領に

より教育と結びつけて論じられるようになった。彼はSTEM（Science, Technology, Engineering and Math）を教育の最優先課題とし，子どもたちは「モノの消費者ではなく，モノのつくり手である」と強調した[7]。これを受けて，makerspaceは「正規教育システムあるいは教育機関の外でおこなわれる典型的な非公式学習空間」[8]などと定義される。hackerspace, innovation space, fablab (fabulous labaratory) とも呼ばれる。

c．library makerspace

図書館が"モノづくり"の場を提供することは，わが国でも早くからおこなわれてきた[9]。米国では2010年ごろよりmakerspaceを図書館内に設置する可能性について論じられた[10]。これをlibrary makerspaceという。その嚆矢はニューヨーク州ファイエットビル公共図書館（Fayetteville Free Library）とされている[11]。この試みにより，同図書館では，これまで図書館を利用しなかった人々が図書館にやってくるようになったという[12]。先のFrysklabは，オランダ北東部に位置するという土地柄から，図書館内に恒常的におくのではなく移動体を選択したという[13]。すなわちmobile library of FabLabである。

"モノづくり"の場として学校や，小売店，空き倉庫よりも図書館がふさわしいとみなされたのにはそれなりの理由がある。図書館では学習は常に自主的でカリキュラムによって管理されているわけではない。好奇心のおもむくままに自由に進めることができる。学びのための学習（learning for learning's sake）に最適なのが図書館である。モノづくりも同様，興味のおもむくままにいじくりまわす（tinkering）ことが重要である[14]。たとえば，蒸気機関の時代のテクノロジーを扱った小説（これをsteampunk novelという）に出てきたモノを，文字による記述から想像力を働かせて実際に3Dプリンタでつくってみるなどといった実践をおこなっている図書館もあるという[15]。文字という抽象的な記号，読解力と想像力，人々との協同，そして，これらを21世紀のテクノロジーと結びつける"場"。これらが有機的に組み合わされたのがlibrary makerspaceである。

d．パラダイムを変える

図書を「書かれた記号や絵図によって情報や知識を伝達するもの」とすると，前半の「書かれた記号や絵図によって」の部分を取り除くと博物館に収蔵される資料などもこれに含まれるようになる。モノ自体も立派な情報や知識の伝達媒体である。図書館が収蔵する資料に「博物資料」という概念もある。モノだけではない，実験や工作といった行為自体も情報や知識の伝達媒体となりえる。こう考えると，先のオランダの移動体験教室（ないしは移動実験室あるいは移動工作室）は立派な移動図書館であり，新しい図書館サービスといえる[16]。21世紀は技術革新の速度がより早まり，パラダイムシフトも起こりやすい。そういう時代であればこそ，既存の概念の枠組みにとらわれることなく，新しい図書館サービスを創案していくことが求められる。

なお，強調しておきたいことは，これは，第2節で言及されたレクリエーションを提供する楽しめる図書館の好例でもあるということである。

第4節　技術革新と図書館サービス

　図書館は，これまで世の中の先端的なテクノロジーを取り入れ，図書館サービスの改善をおこなってきた。複写機（コピー機）が利用可能になると，目録のつくり方が変わった（記述ユニット方式への転換）。コンピュータが誕生すると，情報検索や蔵書データベースへの応用に取組み，ネットワークが身近になると書誌ユーティリティを設置して分担目録作業を実現した。技術革新は今後も続いていく。

　蒸気機関の利用を第一次産業革命とすると，電力が第二次，コンピュータが第三次，そして，現在，第四次産業革命とかインダストリー4.0といわれているのが人工知能（AI, Artificial Intelligence）やロボットである。AIやロボット技術は，ここしばらくの間に急速に発展した。株の売買で利益をあげるAI，マラソンの警備をしたり，ホテルを運営したりするロボット。今後10〜20年の間に，日本の労働人口の49％が就く職業が，AIやロボットで代替可能になるといわれている[17]。AIの世界的権威といわれているレイ・カーツワイル（Ray Kurzweil, 1948-）によれば，AIは2045年に人間を超えるという[18]。

　私たち図書館関係者がこの問題を考えるときの視点はただ1つだけである。上述の人間がおこなっている労働の49％がAIやロボットで代替可能になるというなかに図書館業務が入るのかどうかということではなく，図書館はAIやロボットをどう取り込めばよいかである。

a．AIは図書館員になれるか

　図書館業務のなかでAIやロボットに肩代わりしてもらえる部分があるかどうかをそろそろ考えていかなければならない。

　東京大学先端医療研究センターが導入したIBM社の人工知能を組み込んだワトソンというコンピュータが，適切な医療診断をおこない，人の命を救った最初のAIとなったと報じられた[19]。ワトソンは2000万件の医学論文を読み込んでおり，専門家でもむずかしい病名の判定をわずか10分でやってのけた。医学分野の新しい論文は毎年何十万件も発表されるが，優秀な医師でも200件程度しか読めないといわれる。論文探索の場面では喜んでAIに脱帽しよう。人間の能力の限界をAIが補ってくれる。図書館サービスとのかかわりでいえば，レファレンスサービスの少なからざる部分はAIが代替してくれるかもしれない。この場合，利用者自身がAIに頼って図書館員に質問しなくなるケースも考えられる。レファレンスサービスにおいて，図書館員がその存在意義を発揮するためには，AIとよりよい対話ができるかどうかということにかかるだろう。図書館員は，利用者とAIの間に入って，利用者が本当に知りたいことをAIに的確に伝え，適切な回答をAIから引き出すことができるよう自らを訓練すべきである。

b．図書館はAIやロボットをどう活用していくべきか

　AIによる代替がむずかしい職業として図15-3のような見解がある[20]。図書館サービスのなかには，児童サービス，YAサービス，シルバーサービス，障害者サービスなど，人間が介在してはじめて高い効果を生み出すサービスがある（図の②に類する部分である）。

AIやロボットの導入によって，まちがいなく図書館サービスを高度化できる。今，思いつくだけでも，障がい者による

> ①圧倒的に少ないデータから大きな決断をしなければならない職業
>   例）企業経営など
> ②対人インターフェースが重要な職業
>   例）教師，セラピスト，レストランのフロア係など

図15-3 AIによって代替が難しい職業

シームレスな図書館アクセスともいうべき領域が考えられる。たとえば，OPACを視覚障がい者が検索できるようにAIが手助けする。iPhoneのSiriやgoogleのhome（AIプログラムのグーグルアシスタント搭載）のように，音声で目録を検索し結果を音声で返す。もっと進んで，一般の図書を視覚障がい者がそのまま読めるというところまでできるであろう。自動翻訳機能がさらに高度になれば「多文化サービス」などという用語は不要になるだろう。

一方，ロボットもおおいに活躍の余地がある。2015（平成27）年9月には，すでに人型ロボット「ペッパー」が図書館職員として導入されている。その嚆矢は山梨県の山中湖情報創造館である[21]。これに福岡県福岡市総合図書館（2016年4月），東京都江戸川区立篠崎図書館（2016年7月）などが続いた。2017（平成29）年8月，山梨県立図書館では，ペッパーを総合案内所に配置し，来館者の感情を読み取り，同館にある本の中でおすすめのものを紹介するサービスを始めた[22]。

私たち図書館関係者は，人間が安心して滞在できる空間の提供，楽しめる図書館の企画，場の演出機能など，AIやロボットを交えながら，今までにない新しい図書館サービスを創造していく必要がある。

設問

(1) 21世紀における図書館サービスの課題を整理し，解説しなさい。
(2) テーマパークのような図書館，あるいは楽しめる図書館を創案し，900字程度で概要を述べなさい。

参考文献
1. 松尾豊『人工知能は人間を超えるか ディープラーニングの先にあるもの』KADOKAWA，2015年。
2. レイ・カーツワイル著，井上健［ほか］訳『ポスト・ヒューマン誕生 コンピュータが人類の知性を超えるとき』NHK出版，2007年。
3. レイ・カーツワイル著『シンギュラリティーは近い［エッセンス版］人類が生命を超越するとき』NHK出版，2016年。（2.の文献を再編集したエッセンス版）

注）
1) 「日経四紙」のバックナンバーほか，全国紙，地方紙，業界紙などの各種新聞記事を横断的に検索できる。また，日本経済新聞社が提供する企業情報や人物情報などが利用できる。https://t21.nikkei.co.jp/g3/CMN0F11.do（'17.10.20現在参照可）。
2) 日本図書館協会のHPのなかの「リンク集」にある「公共図書館webサイトのサービス」でデータが公表されている。調査年度は項目によって異なるが，「レファレンスサービス」については2012（平成24）年1月のデータが2017年現在で知りえる最も新しいデータである。http://www.jla.or.jp/link/link/tabid/167/Default.aspx（'17.10.20現在参照可）。
3) 第44回国際学校図書館協会（IASL）年次大会，於オランダ・マーストリヒト，2015年6月28日～7月2日。
4) オランダ北東部のフリースラント（Friesland）州（州都はレーワルデン）発祥の組織。公共図書館の支援

を受けて運営されている。とくに教育と"モノづくり"とを結びつけたのは，フリースラントはもともと伝統工芸や物づくりで知られており，また，子どものたちの貧困率が相対的に高い（オランダ全体の子どもの貧困率8％に対し，フリースラント州は17％）という特徴を有し，それらが結びついた結果だとしている。About (for international visitors), "Het Mobiele Bibliotheeklab", http://www.frysklab.nl/about/ ('17.10.20現在参照可)。

5) Fryslân はフリースラント州のフリジア語による表記（対して Friesland はオランダ語による表記）。フリースラント州では，オランダ語のほか，フリジア語も公用語とされている。注4も参照。

6) 前掲，"Het Mobiele Bibliotheeklab"。

7) 2009年4月，全米科学アカデミーにおけるオバマ大統領の演説，あるいは，同年11月，教育革新運動を打ち出したときの演説。Thomas Kalil, Have *Fun‐Learn Something, Do Something, Make Something*, Margaret Honey, David E. Kanter ed., "Design, Make, Play: Growing the Next Generation of STEM Innovators," Routledge, 2013, p.13.

8) Melody Clark, *Libraries & makerspaces: A revolution?*, Technology & Social Change Group, University of Washington, 13 June 2014, http://tascha.uw.edu/2014/06/libraries-makerspaces-a-revolution/ ('17.10.20現在参照可)。

9) 筆者の記憶では，1990年代のわが国で，佐賀県伊万里市民図書館（1995年7月7日新図書館落成後）がこのような取り組みをおこなっていた。見学をさせていただいた当時は，「多方面にサービスを広げた意欲的な試み」と感じたものの，それ以上自分の思考は深まらなかった。

10) 前掲 Clark。

11) Lauren Britton, *A Fabulous Laba[sic]ratory: The Makerspace at Fayetteville Free Library*, "Public Libraries Online," the Public Library Association, July/August 2012, http://publiclibrariesonline.org/2012/10/a-fabulous-labaratory-the-makerspace-at-fayetteville-free-library/ ('17.10.20現在参照可)。Britton によれば，2010年頃，シラキュース大学の図書館情報学修士課程に在学中に基本構想を思いついたとしており，ファイエットビル公共図書館長を説得，図書館員としての職を得てこの企画の実施担当となった。資金集めの過程で，2011年10月，ニューヨーク市でおこなわれた the Contact Summit で構想を発表して賞金1万ドルを得たとあるが，実際に library makerspace を実施したのがいつかは述べていない。一方，コネティカット州のウェスポート公共図書館（Westport Public Library）が library makerspace の最初の実施館とする説もある（たとえば，後掲 Jeroen de Boer）。同図書館では，makerspace を始めたのは2012年7月としている。MakerSpace Archives, Westport Public Library, http://westportlibrary.org/makerspace-archives ('17.10.20現在参照可)。

12) 前掲 Clark。

13) Jeroen de Boer, *FryskLab* (*English with notes*), Feb 9, 2014, http://www.frysklab.nl/presentaties/frysklab-english-with-notes/ ('17.10.20現在参照可)。

14) 前掲 Clark。

15) 前掲。

16) Library makerspace の発案者とされる Lauren Britton も，「makerspace は図書館サービスの自然な拡張である」と述べている。前掲 Britton。

17) 「産業革命4.0が拓く未来——AI・ロボットと共生し価値創出を（社説）」『日本経済新聞』2016年8月12日付朝刊2面。

18) これを singularity（技術的特異点）という。Ray Kurzweil, "The singularity is near: when humans transcend biology," Penguin Books, c2005, p.136. 邦訳：レイ・カーツワイル著，井上健［ほか］訳『ポスト・ヒューマン誕生　コンピュータが人類の知性を超えるとき』NHK出版，2007年，p.151。

19) 「第1部大競争が始まった（1）アルゴリズム疾走，無人の自動運転レース開幕——命守る技術結集（AIと未来）」『日経産業新聞』2016年9月20日付1面。次の記事も参照のこと。「人工知能　病名突き止め患者の命救う　国内初か」『NHK「かぶん」ブログ』2016年8月4日　http://www9.nhk.or.jp/kabun-blog/200/250456.html ('17.10.20現在参照可)。

20) 松尾豊『人工知能は人間を超えるか　ディープラーニングの先にあるもの』KADOKAWA，2015年，p.232。

21) 「図書館職員ロボット：山中湖村で導入」『毎日新聞』2015年9月25日付地方版23面。また，「図書館職員見習いです　山中湖村，本棚紹介や朗読」『読売新聞』2015年10月3日付朝刊29面。

22) 「人型ロボット：県立図書館に　期間限定で本推薦」『毎日新聞』2017年8月5日付地方版27面。

巻末資料

資料1 米国図書館協会蔵書構成政策（ALA Collection Development Policy） （第1章関連）

出典：Joanne S. Anderson, ed., "Guide for written collection policy statements," 2nd edition, American Library Association, 1996, pp.2-3.

意義
①図書館が奉仕する共同体のニーズを反映する系統立った実践的方法で蔵書管理と蔵書構成を説明することができる
②図書館員，利用者，管理者，理事者，および図書館コンソーシアムのメンバーに対して，既存のコレクションの範囲を規定することができる：取り入れる主題と形式や除外される主題と形式を特定する：あらかじめ決められた時間枠のなかで今後の蔵書構築の計画を立てる
③蔵書管理と蔵書構成に従事する図書館員に対し，選書／除架の一貫性を確保し，より俊敏なコレクションを形成し，図書館の目標と利用者のニーズをサポートする効果的な資金を配当するための手段を提供することができる
④ロケット著『図書館蔵書評価へのガイド』に概説された蔵書評価技術を使用して，蔵書構成の目標に向かう進捗状況を測定する尺度を提供することができる
⑤新しい蔵書構成に責任をもつ図書館員のために現在の情報源として役立つ過去の実践と奉仕を記録することができる
⑥蔵書構成に従事する図書館員の間で，より良いコミュニケーションと共通の価値観を育成することができる
⑦外部および内部の予算準備と割当過程に基本的な情報を提供することができる
⑧図書館間相互協力的な蔵書構成に適した分野を特定する基礎として働くことができる
⑨協同的プログラムが存在する領域を記録することができる
⑩電子形式の情報アクセスか物理的な資料の所蔵かの案配に関し，図書館の見解を明確にすることができる
⑪目録作成，遡及変換，資料保存を決定する優先順位を確立できる
⑫図書館の知的自由と著作権法への図書館の関わりについて情報を提供することができる

資料2 『これからの図書館像』における課題解決型図書館の記述 （第6章関連）

出典：文部科学省：『これからの図書館像』平成21年以前登録，http://www.mext.go.jp/a_menu/shougai/tosho/giron/05080301/001/002.htm

(3) 課題解決支援・情報提供機能の充実
ア 図書館法第3条第7号は，時事に関する情報の提供を重視しているが，これは法律制定の当時，現代的課題に関する情報提供を重視したものと考えられる。この点は現在はさらに重要になっている。
イ 図書館，博物館や公民館などの社会教育施設には，住民のニーズに応える要求課題への対応だけでなく，現代的課題や必要課題のための学習機会の提供が求められている。
ウ 市民の自立と適正な判断を支援するために，図書館は必要な正しい情報を適当なタイミングで十分に提供する必要がある。現状では，市民に対する社会の情報提供は不十分であり，図書館が人員・予算を充実して精度の高い情報提供サービスを行い，必要な情報を十分提供することが必要である。
エ 今後の図書館は，文化教養機能に加え，課題解決支援機能を充実する必要がある。課題解決とは，例えば，利用者である住民が，法律上の問題を解決するために法律を勉強したり，新聞記事を検索して事故発生の原因を分析したりする際に，図書館が情報提供によって支援することである。そのためにはサービスや組織の在り方を見直すことが必要である。
オ 地方公共団体を，知識や情報を収集・分析・利用して業務を行う活動組織ととらえ，地域課題の解決に取り組む自治体職員を図書館が支援することを通して間接的に市民サービスの向上を図る視点が必要である。

資料3 障害を理由とする差別の解消の推進に関する法律 （第7章関連）

平成25年法律第65号

目次
第一章 総則（第1条－第5条）
第二章 障害を理由とする差別の解消の推進に関する基本方針（第6条）
第三章 行政機関等及び事業者における障害を理由とする差別を解消するための措置（第7条－第13条）
第四章 障害を理由とする差別を解消するための支援措置（第14条－第20条）

第五章　雑則（第21条-第24条）
第六章　罰則（第25条-第26条）
附則

第一章　総則

(目的)
第1条　この法律は，障害者基本法（昭和45年法律第84号）の基本的な理念にのっとり，全ての障害者が，障害者でない者と等しく，基本的人権を享有する個人としてその尊厳が重んぜられ，その尊厳にふさわしい生活を保障される権利を有することを踏まえ，障害を理由とする差別の解消の推進に関する基本的な事項，行政機関等及び事業者における障害を理由とする差別を解消するための措置等を定めることにより，障害を理由とする差別の解消を推進し，もって全ての国民が，障害の有無によって分け隔てられることなく，相互に人格と個性を尊重し合いながら共生する社会の実現に資することを目的とする。

(定義)
第2条　この法律において，次の各号に掲げる用語の意義は，それぞれ当該各号に定めるところによる。
一　障害者　身体障害，知的障害，精神障害（発達障害を含む。）その他の心身の機能の障害（以下「障害」と総称する。）がある者であって，障害及び社会的障壁により継続的に日常生活又は社会生活に相当な制限を受ける状態にあるものをいう。
二　社会的障壁　障害がある者にとって日常生活又は社会生活を営む上で障壁となるような社会における事物，制度，慣行，観念その他一切のものをいう。
三　行政機関等　国の行政機関，独立行政法人等，地方公共団体（地方公営企業法（昭和27年法律第292号）第三章の規定の適用を受ける地方公共団体の経営する企業を除く。第七号，第10条及び附則第4条第1項において同じ。）及び地方独立行政法人をいう。
四　国の行政機関　次に掲げる機関をいう。（略）
五　独立行政法人等　次に掲げる法人をいう。（略）
六　地方独立行政法人　地方独立行政法人法（平成15年法律第118号）第2条第1項に規定する地方独立行政法人（同法第21条第三号に掲げる業務を行うものを除く。）をいう。
七　事業者　商業その他の事業を行う者（国，独立行政法人等，地方公共団体及び地方独立行政法人を除く。）をいう。

(国及び地方公共団体の責務)
第3条　国及び地方公共団体は，この法律の趣旨にのっとり，障害を理由とする差別の解消の推進に関して必要な施策を策定し，及びこれを実施しなければならない。

(国民の責務)
第4条　国民は，第1条に規定する社会を実現する上で障害を理由とする差別の解消が重要であることに鑑み，障害を理由とする差別の解消の推進に寄与するよう努めなければならない。

(社会的障壁の除去の実施についての必要かつ合理的な配慮に関する環境の整備)
第5条　行政機関等及び事業者は，社会的障壁の除去の実施についての必要かつ合理的な配慮を的確に行うため，自ら設置する施設の構造の改善及び設備の整備，関係職員に対する研修その他の必要な環境の整備に努めなければならない。

第二章　障害を理由とする差別の解消の推進に関する基本方針

第6条　（略）

第三章　行政機関等及び事業者における障害を理由とする差別を解消するための措置

(行政機関等における障害を理由とする差別の禁止)
第7条　行政機関等は，その事務又は事業を行うに当たり，障害を理由として障害者でない者と不当な差別的取扱いをすることにより，障害者の権利利益を侵害してはならない。
2　行政機関等は，その事務又は事業を行うに当たり，障害者から現に社会的障壁の除去を必要としている旨の意思の表明があった場合において，その実施に伴う負担が過重でないときは，障害者の権利利益を侵害することとならないよう，当該障害者の性別，年齢及び障害の状態に応じて，社会的障壁の除去の実施について必要かつ合理的な配慮をしなければならない。

(事業者における障害を理由とする差別の禁止)
第8条　事業者は，その事業を行うに当たり，障害を理由として障害者でない者と不当な差別的取扱いをすることにより，障害者の権利利益を侵害してはならない。
2　事業者は，その事業を行うに当たり，障害者から現に社会的障壁の除去を必要としている旨の意思の表明があった場合において，その実施に伴う負担が過重でないときは，障害者の権利利益を侵害することとならないよう，当該障害者の性別，年齢及び障害の状態に応じて，社会的障壁の除去の実施について必要かつ合理的な配慮をするように努めなければならない。

(国等職員対応要領)
第9条　（略）

(地方公共団体等職員対応要領)
第10条　地方公共団体の機関及び地方独立行政法人は，基本方針に即して，第7条に規定する事項に関し，当該地方公共団体の機関及び地方独立行政法人の職員が適切に対応するために必要な要領（以下この条及び附則第4条において「地方公共団体等職員対応要領」という。）を定めるよう努めるものとする。
2-5　（略）

(事業者のための対応指針)
第11条　主務大臣は，基本方針に即して，第8条に規定する事項に関し，事業者が適切に対応するために必要な指針(以下「対応指針」という。)を定めるものとする。
2　(略)
(報告の徴収並びに助言，指導及び勧告)
第12条　(略)
(事業主による措置に関する特例)
第13条　行政機関等及び事業者が事業主としての立場で労働者に対して行う障害を理由とする差別を解消するための措置については，障害者の雇用の促進等に関する法律(昭和35年法律第123号)の定めるところによる。

第四章　障害を理由とする差別を解消するための支援措置

(相談及び紛争の防止等のための体制の整備)
第14条　(略)
(啓発活動)
第15条　(略)
(情報の収集，整理及び提供)
第16条　(略)
(障害者差別解消支援地域協議会)
第17条　国及び地方公共団体の機関であって，医療，介護，教育その他の障害者の自立と社会参加に関連する分野の事務に従事するもの(以下この項及び次条第2項において「関係機関」という。)は，当該地方公共団体の区域において関係機関が行う障害を理由とする差別に関する相談及び当該相談に係る事例を踏まえた障害を理由とする差別を解消するための取組を効果的かつ円滑に行うため，関係機関により構成される障害者差別解消支援地域協議会(以下「協議会」という。)を組織することができる。
2　前項の規定により協議会を組織する国及び地方公共団体の機関は，必要があると認めるときは，協議会に次に掲げる者を構成員として加えることができる。
　一　特定非営利活動促進法(平成10年法律第7号)第2条第2項に規定する特定非営利活動法人その他の団体
　二　学識経験者
　三　その他当該国及び地方公共団体の機関が必要と認める者
(協議会の事務等)
第18条　協議会は，前条第1項の目的を達するため，必要な情報を交換するとともに，障害者からの相談及び当該相談に係る事例を踏まえた障害を理由とする差別を解消するための取組に関する協議を行うものとする。
2　関係機関及び前条第2項の構成員(次項において「構成機関等」という。)は，前項の協議の結果に基づき，当該相談に係る事例を踏まえた障害を理由とする差別を解消するための取組を行うものとする。
3　協議会は，第1項に規定する情報の交換及び協議を行うため必要があると認めるとき，又は構成機関等が行う相談及び当該相談に係る事例を踏まえた障害を理由とする差別を解消するための取組に関し他の構成機関等から要請があった場合において必要があると認めるときは，構成機関等に対し，相談を行った障害者及び差別に係る事案に関する情報の提供，意見の表明その他の必要な協力を求めることができる。
4　協議会の庶務は，協議会を構成する地方公共団体において処理する。
5　協議会が組織されたときは，当該地方公共団体は，内閣府令で定めるところにより，その旨を公表しなければならない。
(秘密保持義務)
第19条　(略)
(協議会の定める事項)
第20条　(略)

第五章　雑則

(主務大臣)
第21条　(略)
(地方公共団体が処理する事務)
第22条　第12条に規定する主務大臣の権限に属する事務は，政令で定めるところにより，地方公共団体の長その他の執行機関が行うこととすることができる。
(権限の委任)
第23条　この法律の規定により主務大臣の権限に属する事項は，政令で定めるところにより，その所属の職員に委任することができる。
(政令への委任)
第24条　(略)

第六章　罰則

第25条　第19条の規定に違反した者は，1年以下の懲役又は50万円以下の罰金に処する。
第26条　第12条の規定による報告をせず，又は虚偽の報告をした者は，20万円以下の過料に処する。
附則　抄
(施行期日)
第1条　この法律は，平成28年4月1日から施行する。ただし，次条から附則第6条までの規定は，公布の日から施行する。
(基本方針に関する経過措置)
第2条－第6条　(略)
第7条　政府は，この法律の施行後3年を経過した場合において，第8条第2項に規定する社会的障壁の除去の実施についての必要かつ合理的な配慮の在り方その他この法律の施行の状況について検討を加え，必要があると認めるときは，その結果に応じて所要の見直しを行うものとする。

資料4　五十音式指文字一覧表（第8章関連）

出典：東京盲ろう者友の会　杉浦節子・田幸勇二氏作成　http://www.tokyo-db.or.jp/wp-content/uploads/2010/02/j_yubimoji.pdf

（相手から見たかたち）

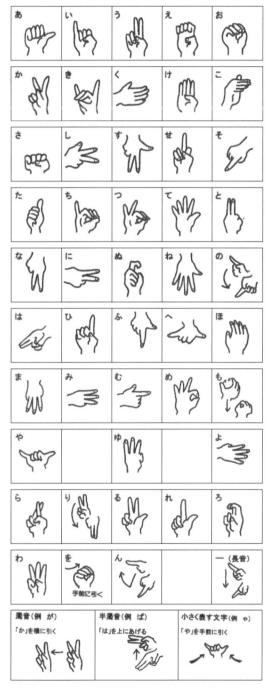

◎ 50音式指文字で単語や文字をつづる時は墨字の現代かなづかいに準じて表す。

104

資料5　指点字一覧表（パーキンス式）（第8章関連）

出典：東京盲ろう者友の会　杉浦節子・田幸勇二氏作成
http://www.tokyo-db.or.jp/wp-content/uploads/2012/10/03679a8282b7c97a65c07ca3ed8620da.pdf

資料6 第52回国際図書館連盟東京大会多文化社会図書館サービス分科会および全体会議決議（第10章関連）

出典：*Journal of Multicultural Librarianship*, Vol.1, No.2, November 1986, p.46. の日本語記録より

　A　アジアセンター21（アジア図書館・大阪アジア会館設立準備会）は，アジア諸国の文化を一般に広め，アジア文化に関する資料を提供するという非常に画期的で重要な活動を進めているが，現段階ではその運動は完全にボランティアに支えられており，国や地方自治体からは何の財政援助も受けていない。アジアセンター21の目的は，日本人にアジアの人々の芸術・文化・生活様式を紹介し，それらに触れる場所を提供し，アジアの文化・文学を再発見し再確認するための材料を収集することにある。

　現在，大阪府・大阪市・大阪市教育委員会・朝日新聞社他が，すでに催しものの後援を行ないつつある。このアジアセンター21の活動を維持し，アジア図書館が必要とする海外の資料や書籍を確保し，今行なわれている様々な計画を推進させるため，われわれ多文化社会図書館サービス分科会は，日本の外務省に物心両面の援助を要請することを決議する。そうすることで，センターの日本とアジアの人々を結ぶ運動を促進し，ますます必要となってくる資料収集活動を推し進め，在日のアジアの人々の文化再生をはかるころが出来ると信じる。

　B　韓国・朝鮮系と中国系を中心とする在日の文化的マイノリティ（少数派）が相当数いるにもかかわらず，彼らのための適当な図書館資料や図書館サービスが，特に公共図書館において欠けていることを認識させられた。さらにこのギャップを埋める為に，募金や私的なグループの助けだけで，マイノリティの図書館及び文化センターを作ろうと努力を続けている熱心なボランティアがいることに感銘をうけた。

　我々は，国会・国立図書館・文部省そして図書館サービスに責任のある地方自治体に対して（社）日本図書協会と協力し，マイノリティが必要とする情報や資料は何かを調査することを要請する。そして，その調先に基づいて解決の道を提示すること，また必要な物心両面の援助の為の勧告を出して，公共図書館の専門的な事業や，アジアセンター21によって既に始められているような特別な文化活動に協力していくことを要請する。これによってはじめてマイノリティが，図書館や文化的サービスを日本人と同様，適切な言葉と設備を使って享受できるようになるのである。

資料7 刑事収容施設及び被収容者等の処遇に関する法律（一部）（第10章関連）

（平成17年5月25日法律第50号）
最終改正：平成26年6月13日（法律第69号）

第二編　被収容者等の処遇
第8節　書籍等の閲覧

（自弁の書籍等の閲覧）
第69条　被収容者が自弁の書籍等を閲覧することは，この節及び第12節の規定による場合のほか，これを禁止し，又は制限してはならない。
第70条　刑事施設の長は，被収容者が自弁の書籍等を閲覧することにより次の各号のいずれかに該当する場合には，その閲覧を禁止することができる。
　一　刑事施設の規律及び秩序を害する結果を生ずるおそれがあるとき。
　二　被収容者が受刑者である場合において，その矯正処遇の適切な実施に支障を生ずるおそれがあるとき。
　三　被収容者が未決拘禁者である場合において，罪証の隠滅の結果を生ずるおそれがあるとき。
2　前項の規定により閲覧を禁止すべき事由の有無を確認するため自弁の書籍等の翻訳が必要であるときは，法務省令で定めるところにより，被収容者にその費用を負担させることができる。この場合において，被収容者が負担すべき費用を負担しないときは，その閲覧を禁止する。

（新聞紙に関する制限）
第71条　刑事施設の長は，法務省令で定めるところにより，被収容者が取得することができる新聞紙の範囲及び取得方法について，刑事施設の管理運営上必要な制限をすることができる。

（時事の報道に接する機会の付与等）
第72条　刑事施設の長は，被収容者に対し，日刊新聞紙の備付け，報道番組の放送その他の方法により，できる限り，主要な時事の報道に接する機会を与えるように努めなければならない。
2　刑事施設の長は，第39条第2項の規定による援助の措置として，刑事施設に書籍等を備え付けるものとする。この場合において，備え付けた書籍等の閲覧の方法は，刑事施設の長が定める。

（余暇活動の援助等）
第39条　（略）
2　刑事施設の長は，法務省令で定めるところにより，被収容者に対し，自己契約作業，知的，教育的及び娯楽的活動，運動競技その他の余暇時間帯等における活動について，援助を与えるものとする。

資料8　著作権法（抄）　（第12章関連）

昭和45年法律第48号
最終改正：平成28年12月16日（法律第108号）

著作権法（明治32法律第39号）の全部を改正する。
目次
第一章　総則
　第一節　通則（第1条－第5条）
　第二節　適用範囲（第6条－第9条の2）
第二章　著作者の権利
　第一節　著作物（第10条－第13条）
　第二節　著作者（第14条－第16条）
　第三節　権利の内容
　　第一款　総則（第17条）
　　第二款　著作者人格権（第18条－第20条）
　　第三款　著作権に含まれる権利の種類（第21条－第28条）
　　第四款　映画の著作物の著作権の帰属（第29条）
　　第五款　著作権の制限（第30条－第50条）
　第四節　保護期間（第51条－第58条）
　第五節　著作者人格権の一身専属性等（第59・60条）
　第六節　著作権の譲渡及び消滅（第61・62条）
　第七節　権利の行使（第63条－第66条）
　第八節　裁定による著作物の利用（第67条－第70条）
　第九節　補償金等（第71条－第74条）
　第十節　登録（第75条－第78条の2）
第三章　出版権（第79条－第88条）
第四章　著作隣接権
　第一節　総則（第89・90条）
　第二節　実演家の権利（第90条の2－第95条の3）
　第三節　レコード製作者の権利（第96条－第97条の3）
　第四節　放送事業者の権利（第98条－第100条）
　第五節　有線放送事業者の権利（第100条の2－第100条の5）
　第六節　保護期間（第101条）
　第七節　実演家人格権の一身専属性等（第101条の2・第101条の3）
　第八節　権利の制限，譲渡及び行使等並びに登録（第102条－第104条）
第五章　私的録音録画補償金（第104条の2－第104条の10）
第六章　紛争処理（第105条－第111条）
第七章　権利侵害（第112条－第118条）
第八章　罰則（第119条－第124条）
附則

第一章　総則
第一節　通則
（目的）
第1条　この法律は，著作物並びに実演，レコード，放送及び有線放送に関し著作者の権利及びこれに隣接する権利を定め，これらの文化的所産の公正な利用に留意しつつ，著作者等の権利の保護を図り，もつて文化の発展に寄与することを目的とする。
（定義）
第2条　この法律において，次の各号に掲げる用語の意義は，当該各号に定めるところによる。
一　著作物　思想又は感情を創作的に表現したものであつて，文芸，学術，美術又は音楽の範囲に属するものをいう。
二　著作者　著作物を創作する者をいう。
三　実演　著作物を，演劇的に演じ，舞い，演奏し，歌い，口演し，朗詠し，又はその他の方法により演ずること（これらに類する行為で，著作物を演じないが芸能的な性質を有するものを含む。）をいう。
四　実演家　俳優，舞踊家，演奏家，歌手その他実演を行う者及び実演を指揮し，又は演出する者をいう。
五　レコード　蓄音機用音盤，録音テープその他の物に音を固定したもの（音を専ら影像とともに再生することを目的とするものを除く。）をいう。
六　レコード製作者　レコードに固定されている音を最初に固定した者をいう。
七　商業用レコード　市販の目的をもつて製作されるレコードの複製物をいう。
七の2　公衆送信　公衆によつて直接受信されることを目的として無線通信又は有線電気通信の送信（電気通信設備で，その一の部分の設置の場所が他の部分の設置の場所と同一の構内（その構内が2以上の者の占有に属している場合には，同一の者の占有に属する区域内）にあるものによる送信（プログラムの著作物の送信を除く。）を除く。）を行うことをいう。
八　放送　公衆送信のうち，公衆によつて同一の内容の送信が同時に受信されることを目的として行う無線通信の送信をいう。
九　放送事業者　放送を業として行う者をいう。
九の2　有線放送　公衆送信のうち，公衆によつて同一の内容の送信が同時に受信されることを目的として行う有線電気通信の送信をいう。
九の3　有線放送事業者　有線放送を業として行う者をいう。
九の4　自動公衆送信　公衆送信のうち，公衆からの求めに応じ自動的に行うもの（放送又は有線放送に該当するものを除く。）をいう。
九の5　送信可能化　次のいずれかに掲げる行為により自動公衆送信し得るようにすることをいう。

イ 公衆の用に供されている電気通信回線に接続している自動公衆送信装置（公衆の用に供する電気通信回線に接続することにより，その記録媒体のうち自動公衆送信の用に供する部分（以下この号及び第47条の5第1項第一号において「公衆送信用記録媒体」という。）に記録され，又は当該装置に入力される情報を自動公衆送信する機能を有する装置をいう。以下同じ。）の公衆送信用記録媒体に情報を記録し，情報が記録された記録媒体を当該自動公衆送信装置の公衆送信用記録媒体として加え，若しくは情報が記録された記録媒体を当該自動公衆送信装置の公衆送信用記録媒体に変換し，又は当該自動公衆送信装置に情報を入力すること。

ロ その公衆送信用記録媒体に情報が記録され，又は当該自動公衆送信装置に情報が入力されている自動公衆送信装置について，公衆の用に供されている電気通信回線への接続（配線，自動公衆送信装置の始動，送受信用プログラムの起動その他の一連の行為により行われる場合には，当該一連の行為のうち最後のものをいう。）を行うこと。

十 映画製作者 映画の著作物の製作に発意と責任を有する者をいう。

十の2 プログラム 電子計算機を機能させて一の結果を得ることができるようにこれに対する指令を組み合わせたものとして表現したものをいう。

十の3 データベース 論文，数値，図形その他の情報の集合物であつて，それらの情報を電子計算機を用いて検索することができるように体系的に構成したものをいう。

十一 二次的著作物 著作物を翻訳し，編曲し，若しくは変形し，又は脚色し，映画化し，その他翻案することにより創作した著作物をいう。

十二 共同著作物 二人以上の者が共同して創作した著作物であつて，その各人の寄与を分離して個別的に利用することができないものをいう。

十三 録音 音を物に固定し，又はその固定物を増製することをいう。

十四 録画 影像を連続して物に固定し，又はその固定物を増製することをいう。

十五 複製 印刷，写真，複写，録音，録画その他の方法により有形的に再製することをいい，次に掲げるものについては，それぞれ次に掲げる行為を含むものとする。

　イ 脚本その他これに類する演劇用の著作物 当該著作物の上演，放送又は有線放送を録音し，又は録画すること。

　ロ 建築の著作物 建築に関する図面に従つて建築物を完成すること。

十六 上演 演奏（歌唱を含む。以下同じ。）以外の方法により著作物を演ずることをいう。

十七 上映 著作物（公衆送信されるものを除く。）を映写幕その他の物に映写することをいい，これに伴つて映画の著作物において固定されている音を再生することを含むものとする。

十八 口述 朗読その他の方法により著作物を口頭で伝達すること（実演に該当するものを除く。）をいう。

十九 頒布 有償であるか又は無償であるかを問わず，複製物を公衆に譲渡し，又は貸与することをいい，映画の著作物又は映画の著作物において複製されている著作物にあつては，これらの著作物を公衆に提示することを目的として当該映画の著作物の複製物を譲渡し，又は貸与することを含むものとする。

二十 技術的保護手段 電子的方法，磁気的方法その他の人の知覚によつて認識することができない方法（次号において「電磁的方法」という。）により，第17条第1項に規定する著作者人格権若しくは著作権又は第89条第1項に規定する実演家人格権若しくは同条第6項に規定する著作隣接権（以下この号，第30条第1項第二号及び第120条の2第一号において「著作権等」という。）を侵害する行為の防止又は抑止（著作権等を侵害する行為の結果に著しい障害を生じさせることによる当該行為の抑止をいう。第30条第1項第二号において同じ。）をする手段（著作権等を有する者の意思に基づくことなく用いられているものを除く。）であつて，著作物，実演，レコード，放送又は有線放送（次号において「著作物等」という。）の利用（著作者又は実演家の同意を得ないで行つたとしたならば著作者人格権又は実演家人格権の侵害となるべき行為を含む。）に際し，これに用いられる機器が特定の反応をする信号を著作物，実演，レコード若しくは放送若しくは有線放送に係る音若しくは影像とともに記録媒体に記録し，若しくは送信する方式又は当該機器が特定の変換を必要とするよう著作物，実演，レコード若しくは放送若しくは有線放送に係る音若しくは影像を変換して記録媒体に記録し，若しくは送信する方式によるものをいう。

二十一 権利管理情報 第17条第1項に規定する著作者人格権若しくは著作権又は第89条第1項から第4項までの権利（以下この号において「著作権等」という。）に関する情報であつて，イからハまでのいずれかに該当するもののうち，電磁的方法により著作物，実演，レコード又は放送若しくは有線放送に係る音若しくは影像とともに記録媒体に記録され，又は送信されるもの（著作物等の利用状況の把握，著作物等の利用の許諾に係る事務処理その他の著作権等の管理（電子計算機によるものに限る。）に用いられていないものを除く。）をいう。

イ　著作物等，著作権等を有する者その他政令で定める事項を特定する情報
　　　ロ　著作物等の利用を許諾する場合の利用方法及び条件に関する情報
　　　ハ　他の情報と照合することによりイ又はロに掲げる事項を特定することができることとなる情報
　二十二　国内　この法律の施行地をいう。
　二十三　国外　この法律の施行地外の地域をいう。
2　この法律にいう「美術の著作物」には，美術工芸品を含むものとする。
3　この法律にいう「映画の著作物」には，映画の効果に類似する視覚的又は視聴覚的効果を生じさせる方法で表現され，かつ，物に固定されている著作物を含むものとする。
4　この法律にいう「写真の著作物」には，写真の製作方法に類似する方法を用いて表現される著作物を含むものとする。
5　この法律にいう「公衆」には，特定かつ多数の者を含むものとする。
6　この法律にいう「法人」には，法人格を有しない社団又は財団で代表者又は管理人の定めがあるものを含むものとする。
7　この法律において，「上演」，「演奏」又は「口述」には，著作物の上演，演奏又は口述で録音され，又は録画されたものを再生すること（公衆送信又は上映に該当するものを除く。）及び著作物の上演，演奏又は口述を電気通信設備を用いて伝達すること（公衆送信に該当するものを除く。）を含むものとする。
8　この法律にいう「貸与」には，いずれの名義又は方法をもつてするかを問わず，これと同様の使用の権原を取得させる行為を含むものとする。
9　この法律において，第1項第七号の2，第八号，第九号の2，第九号の4，第九号の5若しくは第13号から第19号まで又は前2項に掲げる用語については，それぞれこれらを動詞の語幹として用いる場合を含むものとする。
（略）

第二節　適用範囲
（保護を受ける著作物）
第6条　著作物は，次の各号のいずれかに該当するものに限り，この法律による保護を受ける。
　一　日本国民（わが国の法令に基づいて設立された法人及び国内に主たる事務所を有する法人を含む。以下同じ。）の著作物
　二　最初に国内において発行された著作物（最初に国外において発行されたが，その発行の日から30日以内に国内において発行されたものを含む。）
　三　前2号に掲げるもののほか，条約によりわが国が保護の義務を負う著作物

（略）

第二章　著作者の権利
第一節　著作物
（著作物の例示）
第10条　この法律にいう著作物を例示すると，おおむね次のとおりである。
　一　小説，脚本，論文，講演その他の言語の著作物
　二　音楽の著作物
　三　舞踊又は無言劇の著作物
　四　絵画，版画，彫刻その他の美術の著作物
　五　建築の著作物
　六　地図又は学術的な性質を有する図面，図表，模型その他の図形の著作物
　七　映画の著作物
　八　写真の著作物
　九　プログラムの著作物
2　事実の伝達にすぎない雑報及び時事の報道は，前項第一号に掲げる著作物に該当しない。
3　第1項第九号に掲げる著作物に対するこの法律による保護は，その著作物を作成するために用いるプログラム言語，規約及び解法に及ばない。この場合において，これらの用語の意義は，次の各号に定めるところによる。
　一　プログラム言語　プログラムを表現する手段としての文字その他の記号及びその体系をいう。
　二　規約　特定のプログラムにおける前号のプログラム言語の用法についての特別の約束をいう。
　三　解法　プログラムにおける電子計算機に対する指令の組合せの方法をいう。

（二次的著作物）
第11条　二次的著作物に対するこの法律による保護は，その原著作物の著作者の権利に影響を及ぼさない。

（編集著作物）
第12条　編集物（データベースに該当するものを除く。以下同じ。）でその素材の選択又は配列によつて創作性を有するものは，著作物として保護する。
2　前項の規定は，同項の編集物の部分を構成する著作物の著作者の権利に影響を及ぼさない。

（データベースの著作物）
第12条の2　データベースでその情報の選択又は体系的な構成によつて創作性を有するものは，著作物として保護する。
2　前項の規定は，同項のデータベースの部分を構成する著作物の著作者の権利に影響を及ぼさない。

（権利の目的とならない著作物）
第13条　次の各号のいずれかに該当する著作物は，この章の規定による権利の目的となることができない。
　一　憲法その他の法令
　二　国若しくは地方公共団体の機関，独立行政人（独立行政法人通則法（平成11年法律第103号）

第2条第1項に規定する独立行政法人をいう。以下同じ。）又は地方独立行政法人（地方独立行政法人法（平成15年法律第118号）第2条第1項に規定する地方独立行政法人をいう。以下同じ。）が発する告示，訓令，通達その他これらに類するもの
三　裁判所の判決，決定，命令及び審判並びに行政庁の裁決及び決定で裁判に準ずる手続により行われるもの
四　前3号に掲げるものの翻訳物及び編集物で，国若しくは地方公共団体の機関，独立行政法人又は地方独立行政法人が作成するもの

（略）

第三節　権利の内容
第五款　著作権の制限
（私的使用のための複製）
第30条　著作権の目的となつている著作物（以下この款において単に「著作物」という。）は，個人的に又は家庭内その他これに準ずる限られた範囲内において使用すること（以下「私的使用」という。）を目的とするときは，次に掲げる場合を除き，その使用する者が複製することができる。
一　公衆の使用に供することを目的として設置されている自動複製機器（複製の機能を有し，これに関する装置の全部又は主要な部分が自動化されている機器をいう。）を用いて複製する場合
二　技術的保護手段の回避（第2条第1項第二十号に規定する信号の除去若しくは改変（記録又は送信の方式の変換に伴う技術的な制約による除去又は改変を除く。）を行うこと又は同号に規定する特定の変換を必要とするよう変換された著作物，実演，レコード若しくは放送若しくは有線放送に係る音若しくは影像の復元（著作権等を有する者の意思に基づいて行われるものを除く。）を行うことにより，当該技術的保護手段によつて防止される行為を可能とし，又は当該技術的保護手段によつて抑止される行為の結果に障害を生じないようにすることをいう。第120条の2第一号及び第二号において同じ。）により可能となり，又はその結果に障害が生じないようになつた複製を，その事実を知りながら行う場合
三　著作権を侵害する自動公衆送信（国外で行われる自動公衆送信であつて，国内で行われたとしたならば著作権の侵害となるべきものを含む。）を受信して行うデジタル方式の録音又は録画を，その事実を知りながら行う場合
2　私的使用を目的として，デジタル方式の録音又は録画の機能を有する機器（放送の業務のための特別の性能その他の私的使用に通常供されない特別の性能を有するもの及び録音機能付きの電話機その他の本来の機能に附属する機能として録音又は録画の機能を有するものを除く。）であつて政令で定めるものにより，当該機器によるデジタル方式の録音又は録画の用に供される記録媒体であつて政令で定めるものに録音又は録画を行う者は，相当な額の補償金を著作権者に支払わなければならない。

（略）

（図書館等における複製等）
第31条　国立国会図書館及び図書，記録その他の資料を公衆の利用に供することを目的とする図書館その他の施設で政令で定めるもの（以下この項及び第3項において「図書館等」という。）においては，次に掲げる場合には，その営利を目的としない事業として，図書館等の図書，記録その他の資料（以下この条において「図書館資料」という。）を用いて著作物を複製することができる。
一　図書館等の利用者の求めに応じ，その調査研究の用に供するために，公表された著作物の一部分（発行後相当期間を経過した定期刊行物に掲載された個々の著作物にあつては，その全部。第3項において同じ。）の複製物を一人につき一部提供する場合
二　図書館資料の保存のため必要がある場合
三　他の図書館等の求めに応じ，絶版その他これに準ずる理由により一般に入手することが困難な図書館資料（以下この条において「絶版等資料」という。）の複製物を提供する場合
2　前項各号に掲げる場合のほか，国立国会図書館においては，図書館資料の原本を公衆の利用に供することによるその滅失，損傷若しくは汚損を避けるために当該原本に代えて公衆の利用に供するため，又は絶版等資料に係る著作物を次項の規定により自動公衆送信（送信可能化を含む。同項において同じ。）に用いるため，電磁的記録（電子的方式，磁気的方式その他人の知覚によつては認識することができない方式で作られる記録であつて，電子計算機による情報処理の用に供されるものをいう。以下同じ。）を作成する場合には，必要と認められる限度において，当該図書館資料に係る著作物を記録媒体に記録することができる。
3　国立国会図書館は，絶版等資料に係る著作物について，図書館等において公衆に提示することを目的とする場合には，前項の規定により記録媒体に記録された当該著作物の複製物を用いて自動公衆送信を行うことができる。この場合において，当該図書館等においては，その営利を目的としない事業として，当該図書館等の利用者の求めに応じ，その調査研究の用に供するために，自動公衆送信される当該著作物の一部分の複製物を作成し，当該複製物を一人につき一部提供することができる。

（略）

（学校その他の教育機関における複製等）
第35条　学校その他の教育機関（営利を目的として設置されているものを除く。）において教育を担任

する者及び授業を受ける者は，その授業の過程における使用に供することを目的とする場合には，必要と認められる限度において，公表された著作物を複製することができる。ただし，当該著作物の種類及び用途並びにその複製の部数及び態様に照らし著作権者の利益を不当に害することとなる場合は，この限りでない。

2　公表された著作物については，前項の教育機関における授業の過程において，当該授業を直接受ける者に対して当該著作物をその原作品若しくは複製物を提供し，若しくは提示して利用する場合又は当該著作物を第38条第1項の規定により上演し，演奏し，上映し，若しくは口述して利用する場合には，当該授業が行われる場所以外の場所において当該授業を同時に受ける者に対して公衆送信（自動公衆送信の場合にあつては，送信可能化を含む。）を行うことができる。ただし，当該著作物の種類及び用途並びに当該公衆送信の態様に照らし著作権者の利益を不当に害することとなる場合は，この限りでない。

（略）

（視覚障害者等のための複製等）

第37条　公表された著作物は，点字により複製することができる。

2　公表された著作物については，電子計算機を用いて点字を処理する方式により，記録媒体に記録し，又は公衆送信（放送又は有線放送を除き，自動公衆送信の場合にあつては送信可能化を含む。）を行うことができる。

3　視覚障害者その他視覚による表現の認識に障害のある者（以下この項及び第102条第4項において「視覚障害者等」という。）の福祉に関する事業を行う者で政令で定めるものは，公表された著作物であつて，視覚によりその表現が認識される方式（視覚及び他の知覚により認識される方式を含む。）により公衆に提供され，又は提示されているもの（当該著作物以外の著作物で，当該著作物において複製されているものその他当該著作物と一体として公衆に提供され，又は提示されているものを含む。以下この項及び同条第四項において「視覚著作物」という。）について，専ら視覚障害者等で当該方式によつては当該視覚著作物を利用することが困難な者の用に供するために必要と認められる限度において，当該視覚著作物に係る文字を音声にすることその他当該視覚障害者等が利用するために必要な方式により，複製し，又は自動公衆送信（送信可能化を含む。）を行うことができる。ただし，当該視覚著作物について，著作権者又はその許諾を得た者若しくは第79条の出版権の設定を受けた者若しくはその複製許諾若しくは公衆送信許諾を得た者により，当該方式による公衆への提供又は提示が行われている場合は，この限りでない。

（聴覚障害者等のための複製等）

第37条の2　聴覚障害者その他聴覚による表現の認識に障害のある者（以下この条及び次条第五項において「聴覚障害者等」という。）の福祉に関する事業を行う者で次の各号に掲げる利用の区分に応じて政令で定めるものは，公表された著作物であつて，聴覚によりその表現が認識される方式（聴覚及び他の知覚により認識される方式を含む。）により公衆に提供され，又は提示されているもの（当該著作物以外の著作物で，当該著作物において複製されているものその他当該著作物と一体として公衆に提供され，又は提示されているものを含む。以下この条において「聴覚著作物」という。）について，専ら聴覚障害者等で当該方式によつては当該聴覚著作物を利用することが困難な者の用に供するために必要と認められる限度において，それぞれ当該各号に掲げる利用を行うことができる。ただし，当該聴覚著作物について，著作権者又はその許諾を得た者若しくは第79条の出版権の設定を受けた者若しくはその複製許諾若しくは公衆送信許諾を得た者により，当該聴覚障害者等が利用するために必要な方式による公衆への提供又は提示が行われている場合は，この限りでない。

一　当該聴覚著作物に係る音声について，これを文字にすることその他当該聴覚障害者等が利用するために必要な方式により，複製し，又は自動公衆送信（送信可能化を含む。）を行うこと。

二　専ら当該聴覚障害者等向けの貸出しの用に供するため，複製すること（当該聴覚著作物に係る音声を文字にすることその他当該聴覚障害者等が利用するために必要な方式による当該音声の複製と併せて行うものに限る。）。

（以下，略）

資料9　神奈川県寒川町立図書館カウンターマニュアル（抄）　（第13章関連）

出典：http://www.town.samukawa.kanagawa.jp/ikkrwebBrowse/material/files/group/33/12_manual.pdf

はじめに

　図書館の窓口業務は，利用者の求める資料を探し出し提供するという仕事，つまり利用者と資料，利用者と図書館を結びつける最も重要な仕事である。これ以上重要な仕事はなく，カウンターで一冊の本が一人の利用者にスムースに手わたされるために，図書館のすべての仕事が組み立てられる。　（略）

　図書館のすべての仕事の成果が窓口業務に結晶する。図書館に対する利用者の評価・信頼は，カウンター・サービスの高さにある。カウンターにおけるサービスの質の高さ，人間的なあたたかい応対のほかに，利用者は図書館を評価する尺度を持たない。

　具体的な窓口業務の処理手順は，以下に述べていく

が，とりあえず寒川総合図書館のカウンター・イメージは次のように考える。
・明るく
・活気があり
・親切で
・笑顔があり
・的確に回答や資料がえられる
・何でも聞きたくなるような雰囲気がある

なお，このマニュアルはカウンター業務の「基準」であり，窓口業務を円滑に行うための「道具（ツール）」である。逸脱を許さぬ「法規」ではない。

実際のカウンターでは，想定外の事態や例外的な対応が必要なケースが発生する。その時に利用者の立場に立ち，自らの判断で臨機応変に対応するのが，図書館職員の職責である。マニュアルに使われるのではなく，このマニュアルを上手に使いこなしたい。

【 1 寒川総合図書館の特色 】

1．総合図書館の理念
　寒川総合図書館の理念は，次のとおりである。
　①社会教育法の精神を受け継ぎ，図書館法の定めるところを実践し，町民の教育と文化の向上に寄与することに努める。
　②図書館は生涯学習の場であり，町民の自己学習の条件整備を常に図り，その期待に応えるように努める。
　③町民の年齢構成，本町の地理的条件，将来構想など，図書館サービスが成立するための諸条件を常に研究し，町民のニーズに即したサービスを展開し，町民の誰もが，いつでも，どこでも身近に利用できる図書館を作りあげることを運営の基本とする。

2．総合図書館のあゆみ　（略）

3．総合図書館の特徴
＝＝"読みたい""知りたい""調べたい"町民のニーズに応える図書館＝＝
ユニバーサルデザイン図書館　（略）
21世紀型図書館　（略）
環境にやさしい図書館　（略）
みんなの図書館　（略）
ハイブリッド図書館　（略）
情報館　（略）
滞在型図書館　（略）
文書館を複合した図書館　（略）
ICタグ導入が大きな特徴
　県下の公共図書館では先駆けてICタグを全資料に貼付し，合理的な資料管理を行う図書館である。自動貸出機による迅速な貸し出し手続きを可能にし，BDSとの連動により，資料の無断持ち出しの抑止効果を期待できるものとなった。

4．総合図書館各スペース　（略）

5．図書館運営の目標
　図書館職員には町民から批判や苦情も含めて大きな期待が寄せられている。その期待に応えるには，図書館サービスの充実と暖かく質の高い窓口サービスを欠くことはできない。そのために，職員は日々の研鑽に励み，職務に誇りを持って取り組むことが大切である。

(1) 町民の求める資料・情報を迅速かつ的確に提供できる図書館，町民の生活に役立つ図書館
①基本的人権と町民の読書の自由を尊重するため，町民の求める資料・情報を迅速かつ的確に提供する。ただし，特定個人の人権やプライバシーを侵害するおそれのある資料については提供の制限はあり得るが，これについては極力慎重に対応する
②町民の関心，趣向に合った新鮮な資料を揃え，わかりやすい資料配置とサインを心がける
③窓口業務の手続きや内部業務を簡素化，組織化して効率的で迅速なサービスを提供する
④運営の目標として町民，利用者の満足度を高め，数値目標として年間48万冊（月4万冊）の貸出をめざす

(2) 明るく親切でわかりやすい窓口をめざす。
①明るく親切でわかりやすい応対を徹底する
②貸出や返却の手続きの際，利用者に必ず声をかける
③あいさつや「ありがとう」「申し訳ありません」という言葉を大事にする
④特に利用者に否定的な回答を指示するときは，「申し訳ありませんが・・・」という言葉から会話を始める
⑤気軽に書架に案内するなど読書案内は丁寧に対応する。わからない時は，複数の職員で対応する（略）
⑥書誌データが不備の場合や検索方法が不適切の場合，コンピュータの回答は得られない。したがってコンピュータを過信せず，日頃から多くの本を手に取るよう心がけること
⑦書架の整理整頓やフロアワークを重視し，職員に町民が気軽に声をかけられるようにする
⑧サービス概要については，サインやチラシ，ホームページで十分にPRする

(3) 子どもへのサービスを重視する。
①「寒川町子ども読書活動推進計画」にしたがい，子どもの読書環境の整備と読書機会の拡充に努める
②地域の学校図書館との連携を推進する
③子どもの読書に関わるボランティアとの連携を推進する
④町健康課が実施する乳幼児を対象としたブックスタート事業と連携を図る
⑤子どもと子どもの本について理解をすすめ，豊かな図書館サービスを通じて，どんな子どもでも「図書館は楽しい」「本は楽しい」という気持ちになれるよう援助する

神奈川県寒川町立図書館カウンターマニュアル（抄）

⑥楽しく役にたち豊かな人間形成につながる資料を豊富に収集し提供する。サービスの提供にあっては，押しつけにならないよう留意する
⑦フロアに積極的に出て，多くの子どもたちと接し，定期的におはなし会などの催しも行い，子どもの要求を把握し，子どもと本を結びつける機会を作り出す
⑧子どもの本に関する研修会，講演会などを企画する
⑨本の展示やブックリストの作成を行い，子どもと本を結びつける機会を作る
(4) 図書館サービスの拡充を図る
①図書館資料は図書館の命として，資料整備計画に基づき，全町民に対して魅力のある書架構成をめざす
②北部分室・南部分室との連携を密にし，利用者と資料の流通を円滑に行うようにする
③高齢者や障害者の利用を高めるよう資料整備等サービスの充実に努める
④業務内容を常に見直し効率的な図書館運営をめざす
6．図書館の課題　（略）

【　2　入館　】

1．図書館への入館
　図書館は誰でも自由に入館できる施設で，入館料は無料である。従って，旅行者など一時的な滞在者でも利用は保障される。　（略）
　『寒川総合図書館管理運営規則』（利用の制限）（略）
　以下の場合は，入館を制限することがある。ただし，人権上の問題があるため，明白かつ重大な事態に限る。退館を求める時は，館長の承認のもと複数の職員で行う
・飲酒しており，周囲に明白な不快感を与える者
・シンナーなどの薬物の服用により，周囲に明白な不快感，恐怖感を与える者
・精神障害者等で職員の指示に従わない者，職員の指示が理解できず周囲に迷惑を及ぼす者
・身なりが不潔で，周囲に明白な不快感を与える者
・ペット同伴の者。ただし，盲導犬，介助犬，聴導犬は排除してはならない
・その他，職員の指示に従わず，管理上問題のある者
3．BDS（ブック　ディテクション　システム）・・（ゲートのこと）
①BDSの設置目的　（略）②BDSの設置場所　（略）
③BDSへの対応
　・ブザーが鳴ったら全員が反応することが大切である
　・ブザー音がすべて悪いことであるという認識をしないこと
　　タグの不良やシステムの貸出処理ミスで鳴ることが多い
　・ブザーが鳴ったら原因者に早く近づき，優しく声をかける
　　こちらの手続きのミスで鳴ったようですので再度手続きをさせて下さい
　・犯罪者のような扱いを絶対にしないこと
　　子どもの対応は，次にも来てもらうように丁寧に対応する
4．駐車場，駐輪場　（略）

【　3　カウンター　】

(1) 利用者に対する心構え
・図書館の利用者に対して謙虚でなければならない
・資料の受け渡しの際は，必ず利用者に声をかけること，無言で渡すのは厳禁
(2) 利用者に対する態度
「明るく」　笑顔とハキハキとした応対
「活気があり」　すわったままの応対は横柄な印象を与えることがある。必要に応じて立ったり現場に急行したり，テキパキ動く
「親切で」　たらい回しはしないでなるべく最初の窓口で解決する
「何でも聞きたくなるような雰囲気があり」
　わからないときは，周囲の職員の援助を求める
　職員は協力して組織的に対応する
「的確に回答や資料が得られる」
　資料検索の方法，蔵書構成，レファレンスブック等を熟知しておく
2．接遇の注意事項
「好感を与える工夫」　明るい笑顔，ハキハキした応対，一生懸命さが伝わる応対。資料が提供できない場合でも，職員が懸命に探した結果であれば，利用者も納得してくれる場合もある
「怒らせない工夫」　利用者に否定的な回答をするときは，"申し訳ありませんが"で始める。その場で処理する，たらい回しはしない。　初めは相手の言い分を十分に聞く
「怒らせないために」　行列管理を徹底する。貸出手続きなどもシステムを習熟し迅速に，かつ確実に行う
3．障害者，高齢者への配慮
(1) 視覚障害者への応対
・必要に応じて「図書館の職員ですが，お手伝いしましょうか」と声をかける
・方角の指示は'右''左'と具体的に言い，'あちら''こちら'は不適切
・別れるときは'失礼します'と必ず声をかけ，そのことを伝える
・ボランティアが一緒にいても，必ず障害者本人に向いて話をする
・誘導するときは，肩の力を抜いて気軽に声をかけ，リラックスして安全に
・誘導は，障害者に腕を持ってもらい半歩先を歩く
・横に並んで歩く形なので，2人分の幅を確保し，安全な方を歩いてもらう

・狭いところを歩くときは，後ろに障害者に歩いてもらい一列で歩く
・階段を歩く場合は，'階段です'と言って一旦止まり，障害者が階段を確認してから進み，階段の終わりもその旨を知らせる
・誘導のときに，段差がある場合も事前に知らせる
(2) 盲導犬についての留意事項
・ハーネス（胴輪）を付け誘導している時は，声をかけたり撫でたりしない
・ハーネス（胴輪）には絶対に触らない
・障害者本人が職員の誘導を必要とした時は，言葉で指示するか，障害者の右側に出て，自分の左腕を持たせて案内する
・盲導犬に絶対に食物を与えない
・他人に危害を加えることはないので，みだりに騒がない
・障害者が犬に教えるために叱っているのは，苛めではないことを理解する
・犬だけ離して預かるとか，つないでおくということをしない
(3) 聴覚障害者への対応
・手話ができない職員は，筆談で応じる
(4) 車椅子の利用者への対応
・必要があれば介助する
・車椅子の利用者へは，車椅子を誘導して利用案内を必要に応じて行う
・車椅子専用席を一般利用者が利用していたら，席を譲るように指示するが，この指示は車椅子利用者に知られないようにする
(5) 高齢者への対応
・目や耳の不自由な高齢者には親切に対応する
拡大鏡のお知らせ，必要に応じて代筆するなど
・話し相手として長々話し込む人や，同一のことを繰り返し聞く人などにも，通常の業務に支障がない範囲で暖かく応対する
4. 服装
①清潔で活動的な服装を着用する
・書架間を走り回ったり，高書架に手を伸ばすことがある
・サンダルは不可とする
②名札を着用する
③資料を受け渡しするので，爪をはじめ手先の清潔に留意する
④さわやかなおしゃれを心がける
『寒川町職員服務規程』（略）
5. 利用者のプライバシー保護
(1) プライバシーの保護に関する窓口での留意点
利用者のプライバシー保護は，図書館および館員にとって最も重要な責務である。
・帳票類を利用者の目の届くカウンターに不用意に置かない
記入済みの利用登録申込書，資料複写申込書などの帳票は，利用者の目の届かないところで厳重に保管する。
・予約連絡票など使用した後の廃棄は通常の不用紙と一緒にしない
個人名，書名等の入った帳票類を廃棄する際は個人情報廃棄箱で処分する
・窓口で，利用者登録など各種の照会の際，利用者情報に関する画面の向きに留意し，終了後は画面を切り替えておくこと
・予約や督促の電話をかけるとき，家族の人であっても，書名は言わないなど利用者個人のプライバシーには配慮する
『図書館の自由に関する宣言』の引用　（略）
『図書館員の倫理綱領』の引用　（略）
(2) 警察等の公的機関からの照会　（略）
・捜査上の必要ならば令状の提示を依頼する
（略）
・警察から電話で，落とし物として届いた物の中に図書館の本があり，借り主に連絡したいので，誰が借りたのか教えて欲しい
　→「個人情報にあたり，図書館から氏名を教えることはできませんので，図書館から利用者本人に連絡いたします。」
　→図書館から警察に電話をかけ直し，電話に出られた本人だと確認できた場合のみ，利用者の連絡先を教える。（民間である駅やデパートからの落とし物問い合わせも同様に対応する）
(3) コンピュータとプライバシー保護
コンピュータの導入にあたり，プライバシー保護を最重要に考えてきた
・資料の返却と同時に貸出記録は消去するシステムにし，記録を蓄積しない　（略）
・住民台帳その他のいかなるコードも使用せず，連結することはしない　（略）
・コンピュータシステム及び利用者のデータの使用範囲を町民に周知する　（略）
6. 窓口での態度
(1) 利用者を待たせない工夫として列管理を行う
・行列の利用者を呼ぶときは必ず声をかけ，無言で手招かない。"お待ちの方，こちらへどうぞ"
・窓口が混雑した時は，貸出のみの方には自動貸出機利用のご案内をします。（略）
・混雑具合により，各フロアの職員からの応援を求める
(2) 窓口に余裕があるとき
・手持ちぶさたにしている姿は見苦しいので軽易な入力作業等を行う
・利用者が近づいた時には，すぐに応対できるよう気を配る
・顔を下に向けたままで，作業等に没頭しないこと
・窓口に，はさみやカッターなどの刃物類は置かない
・人数的に余裕があるときは，バックヤード作業を行

神奈川県寒川町立図書館カウンターマニュアル（抄）

(3) 窓口の禁止事項
・窓口でぼんやりとする
職員が余っている，職員のやる気がないと利用者に思われてしまう
・私語，私的会話
利用者に関する話題は絶対にしない。利用者が窓口を離れた直後に，大きな声をだしたり，笑ったりしない。窓口やフロアで携帯電話に出ない，携帯電話はマナーモードにしておく
・読書（業務上のものであっても誤解を招く）

【 4 貸出業務 】
1．貸出の意義　（略）
2．貸出規則　（略）
3．資料の督促　（略）
4．資料提供の制限　（略）
5．貸出期間の延長　（略）
6．貸出の方法
(1) コンピュータシステムによる貸出方法　（略）
(2) 自動貸出機による貸出　（略）
(3) 利用者が利用券を忘れた場合
・利用者の電話番号等を聴き取り，利用者画面を呼び出す
・利用者の氏名，住所を身分証等で確認する
（略）
(4) 予約の図書館資料の貸出
・利用券を預かり，①予約棚，②事務室の予約資料を探す
・"予約の本があります"などと利用者に声をかけて席を離れる
・無言で去られると利用者は不安になる
・予約資料は必ず予約者本人の利用券で貸出処理を行う
・資料があれば通常の貸出手続きを行う
(5) 貸出枠が超え，資料が貸し出せない
・原則は，借りている資料を返却してから貸し出す
(6) 貸出画面でのメモ欄の注視
・貸出資料，利用者の情報がメモとして記載されている場合があるので，注意して対処する
・メッセージがあるものについて丁寧に説明し，処理する　（略）
・処理後はメモを削除すること
(7) 視聴覚資料（CD，DVD）の貸出　（略）

【 5 返却 】
1．返却の方法
①返却の応対
・カウンターでは返却の本であることと本の破損等の有無を確認しシステム処理する
・特に問題がなければ，ありがとうございましたと声をかけて終える
・利用券から返却書名の抹消を求められたら対応する
・一般的には，書架に戻す配架作業に回すことになる

②予約資料の確保
・返却時に，システム画面に予約の表示がされ，予約票が打ち出される
・予約資料と予約票を合わせて，所定の場所に取り置く
・電話による予約取り置きの連絡は事務室で行うので3階に上げる
本人への連絡は，電話連絡とメール（自動で翌日送信）がある
・北部分室・南部分室配送資料もあるので混同しないように取り置く
③他館資料の取り置き
・他館の資料が返却されたら，所定の場所に取り置くことになる
2．視聴覚資料の返却
①視聴覚資料の返却
・利用者に返却資料の確認をさせていただきますと言い，資料を預かる
・本体，本体ケース，解説書をみて，入れ違い，入れ忘れがないか確認する
・ディスクの傷チェックはあまり厳格にはしなくても良いが，図書館側が大切に扱っているという姿勢を伝える
・解説書を含め揃っていることが確認できたら，システムで返却処理する
②ディスクの傷についての申し出
・利用者から音飛び等があったと伝えられたら，陳謝の上受け取る
・確認作業に回すことになるので，どの部分かを尋ねておく
・映像の乱れなどのメモを入れ，事務室での確認に回送する
③資料の汚破損の対応
・資料返却の際に資料が汚破損している場合の対応は慎重に扱う。利用者が自分で汚破損したと認め申し出た場合，総合図書館では職員を呼び利用者に滅失届に記入してもらう。当該の資料は，弁償等の処理が終わるまで紛失手続き中としておく
・弁償等の判断は職員が行う。分室では，修理できる範囲の破損については，臨時職員で判断し，口答で注意をする。判断がつかないものは，滅失申に記入してもらい，データを修理としてから総合図書館へ回送し職員の判断をあおぐ。本人には，後日，図書館から連絡する旨を伝える。
3．ブックポスト　（略）

【 6 受付 】
図書館全体のインフォメーションを行うことが図書館の受付であり，その図書館の印象を決定づけるので，親切に正確に案内することを心がける。案内の内容は複雑多岐にわたるので，図書館のサービス内容を理解しておくことが肝要である。

1．登録
　図書館の最大の仕事は貸出とも言われ，貸出は税金を投入した大切な備品である図書館資料を町民に貸すことになるため，大切な資料の管理のために貸出にあっては，利用者に登録をしてもらうことになる。登録をすることにより，利用者は煩雑な手続きをせずに資料が借りられ，利用者の負担を最小限にすることができる。かつ，利用者はその場で登録が可能である。
(1)　登録資格の要件　（略）
(2)　新規登録の確認事項　（略）
(3)　確認の方法　（略）
(4)　総合図書館利用券の書式，記入方法　（略）
(5)　外国人の登録方法　（略）
(6)　利用券登録の受付　（略）
(7)　インターネット予約の利用　（略）
2．予約の意義　（略）
(1)　読書案内の原則
・利用者の求める資料を探し出す手助けをし，求める資料を必ず提供する
・利用者をある立場，宗派，主義へと導くようなことはしてはならない
・利用者の選択を助け，利用者がなるべく公平で客観的な基準で選択できるよう様々な立場で書かれた資料を整えるのが読書案内であって，読書について利用者を指導してはならない
・利用者がはっきりと一定の立場のものを要求している場合は，求める立場のものを紹介する
(2)　質問の受け方
①利用者が特定の資料を指定した場合
・利用者の言うことに間違いがなければ，特定された図書を検索すること
・利用者の言う書名は不正確なことが多いので，通常の書名検索で該当がない時は，書名中のキーワードで検索する
②利用者が特定の資料を指定しない場合
・求める主題はあっても，どういう資料があるか分からずに尋ねた場合は，最初に利用者の持っている要求をはっきり知ることから始まる
・利用者は多くの場合，自分の要求をはっきり言わない。この場合は，なるべく要求を細かく絞って把握しなければならない
・人によっては，質問ばかりしているとうるさがる人もいるので，しつこく聞き返さず，あっさり応える方がよい
・利用者の姿勢や口調で気持ちを察し，相手が満足するようケースバイケースで対応することが大切である
③応対の実際
・基本的な応対として利用者の質問を復唱する
・「そうですか，○○○について調べているのですね」
・調べる主題は何か，どんな観点からかを会話で聞き出す

・以上をキーワードにまとめ検索や情報源の探索に取りかかる
(3)　検索の原則　（略）
(4)　検索結果の見方　（略）
　　※総合図書館の請求記号　（略）
(5)　検索の回答
①在庫の場合は，書架まで案内する
・案内する余裕がないときは，配架図で案内する
②書架に無い場合は，「今，他の方が見ているようです。」と言い，あらためてご利用くださいと説明する。
・ありません，所蔵してませんといった利用者を突き放すような回答はしない
・検索結果から直接予約できる場合が多い
・予約をしていただければご用意できますと，予約を勧める
・この場合，お急ぎでなければ言い，次のことを説明すること
　蔵書になければ，新たに購入したり，他館から借用して提供する。借用や購入の場合，提供が遅くなることがある（他館の対応状況，出版取次店や在庫状況等の要素があるため）。
(6)　予約規則　（略）
(7)　予約の受付　（略）
(8)　予約の連絡
①電話連絡
・資料の用意ができたら本人に予約の取り置き期限と共に連絡する
・家族に伝える場合は，書名は伏せ，取り置き期限を連絡するよう依頼する
②ホームページ，携帯電話での連絡
・メールアドレス登録者には，返却の翌日に自動的に連絡する
③断りの連絡
・長期延滞等で提供ができない場合は電話連絡する
(9)　リクエストの受付　（略）
(10)　予約の照会
プライバシー保護のため，原則として本人に限る
・予約資料の一覧，資料の状況，予約の順位
・いつごろになるかは，確定的な日付けは伝えないこと　返却待ちで予約順位1番ならば返却予定日だが，あくまでも予定上記以外は，予約順位を伝え，取置期間や延滞の可能性も伝える
(11)　予約取置期限　（略）
3．インターネット予約　（略）
4．コピー機の取り扱い（総合図書館のみ）　（略）
5．視聴覚ライブラリー（16mmフィルムの貸出受付）（略）
6．児童スペースの運営
(1)　児童スペース（おはなしのへや）　（略）
①子どもへの配慮
・図書館に来館してくれた子どもたちに歓迎の気持ち

神奈川県寒川町立図書館カウンターマニュアル（抄）

を表す
・子どもの目線で接するように心がける
・子どもの話すペースに合わせ，子どもの言いたいことを探るようにする
・資料の汚破損，延滞などについて優しく注意するようにし，子どもたちが再度来館することへの妨げにならないようにする
・危険な行為や著しいマナー違反は速やかに厳しく注意する
② おはなしのへやの運営　（略）
③ 絵本架，紙芝居架，大型絵本架　（略）
④ 推薦リスト，チラシの作成
・子どもと本を繋ぐために，対象年齢やテーマ別にリスト，チラシを作成する
・おはなし会のお知らせチラシなどを作成し，配布する
・他機関からの子ども向けのお知らせなども積極的に配布体制をつくる
7．各室及び各コーナーの運営管理
(1) 閲覧席　（略）
　指導事項：基本的に自習は禁止，学習室で行うことを勧める
・飲食は絶対に禁止
・持ち込みパソコンには電源のみ開放している　（略）
(2) 対面朗読室　（略）
(3) 録音室　（略）
(4) 企画展示室　（略）
(5) インターネット・コーナー　（略）
　利用方法：マウスの貸出により管理し，社会人優先席もある
(6) 視聴覚コーナー　（略）
　利用方法：ヘッドホンの貸出により管理する
(7) 参考閲覧室　（略）
　利用方法・2人以上でグループ学習を行うときに開放する
(8) レファレンス・コーナー　（略）
(9) 学習室　（略）
　注意事項：混んできた時，注意事項を守らないときには指導する。室内では飲食に関しては，水分補給の観点から飲み物のみ可ではあるが，それ以外は禁止であること。テーブル席は2人掛けであること。騒音，雑音をたてないこと
(10) ふれあいコーナー　（略）
　注意事項：混んできた時，注意事項を守らないときには指導する。飲食できる場所だが，ゴミは持ち帰ること。語らいの場ではあるが，騒音，雑音をたてないこと
(11) 会議室　（略）
(12) 新着図書コーナー　（略）
(13) ビジネス支援コーナー　（略）
　町内企業に依頼し企業紹介資料をいただき配架
　資料更新は各会社の意向により実施
(14) ご意見箱　（略）
・ご意見用紙は随時職員が回収
・職員回[ママ]議により回答をまとめ，氏名のあるものについて回答を掲示
・回答にあたっては個人名は掲載しない
(15) 室内環境　（略）
【　7　レファレンス　】
1．レファレンスの方法　（略）
2．OPACの説明　（略）
3．フロアワーク
(1) フロアワークの意義
　"フロアワークは利用者と資料について知る絶好の研修機会である"
① フロア作業から蔵書構成，利用状況，利用者の要求を知る
・返却資料の配架及び整頓・照明，空調などの利用環境を管理
・館内に職員が点在することで窃盗，痴漢などの不正行為を防止。不審者への対応は管理者の承認のもと複数の職員で行う。不審者の情報は，管理者以下全ての職員に速やかに周知する。交代時間の時には，次の班に引き継ぐこと
② 読書案内，レファレンスをフロアで行う
・カウンターにいる職員よりもフロアの職員の方が利用者は聞きやすい
・軽易な読書案内やレファレンスに積極的に応じる
・レファレンスという言葉に馴染みのない町民には効果的なPRとなる
・フロアで手に余るレファレンスは3階職員の対応とする
(2) フロアワークの方法
① フロアワークの担当はフロアに配置している中でローテーションする
・フロアで，利用者との会話は静かに行う
・書棚を見ている利用者の視線を不注意に遮ってはならない。横切るときは失礼しますと声をかけてから横切ること
② 管理者以下の職員は，午前，午後1回は館内を巡回する
(3) 書架整理の意義　（略）
(4) 閉架書庫の配架　（略）
4．相互利用（文教大学）（略）
5．国立国会図書館（現在，未実施）（略）
6．情報紙の扱い（官報，県広報，電話帳，求人案内）（略）
【　8　図書館業務　】
1．学校等との連携事業
　子ども読書推進活動の観点から，総合図書館建設基本計画の段階から子どもの読書推進を重点事業としてきたことから，学校との連携は特に重要である。学校側からも総合図書館に対する期待も高いことから，学校からの要望には可能な限り柔軟な姿勢で対応してい

きたい。
(1) 図書館体験，館内見学（図書館たんけん）など学校行事の受入　（略）
(2) 調べ学習，自由読書の受入　（略）
(3) 職場体験，職場訪問の受入　（略）
２．図書館行事
(1) 展示事業
①企画展示　（略）
②小規模展示　（略）
(2) 講座開催事業
①講座開催　（略）
(3) 本の読みきかせ事業
①スペシャルおはなし会　（略）
②おはなし会　（略）
(4) 図書館コンサート　（略）
(5) 広報事業　（略）
(6) ボランティア連携事業
①図書館行事との連携おはなし会を職員とボランティアより開催している。将来的には，配架や企画展示などのボランティアも考えていく。
(7) 統計記録　（略）
３．電話での接遇
(1) 電話にでるとき
①電話コールには，3コール以内に取るように努める
・必ず館名と氏名を名乗る
「はい，総合図書館の○○です」
②電話コールと共に表示ボタンが点滅する
・外線電話は表示ボタン1か2が点滅する
③保留電話で相手を待たせるようなとき
・長く待たせるとトラブルの遠因になるので相手の了承を得て折返し電話する
・読書案内や返したはずの本など確認や他職員の確認が必要な場合はかけ直す
・相手の氏名，電話番号を復唱し，正確にメモをする
(2) 電話をかけるとき
①電話をかけるときも，必ず館名と氏名を名乗る
「総合図書館の○○です」
②電話をかけるときは表示ボタンを押し，続いて電話番号を押す　（略）
(3) 電話の応対事例
　次に掲げているのは代表的な応対事例で状況的にはごく一部のことである。利用者も様々であり，図書館に精通した人，図書館に初めて電話する人などの対応が必要となる。大切なことは，日頃から，一般的な図書館情報や総合図書館の施設設備，システムの運用，事務手続きに関する知識を得ておき，その知識を基に，利用者の立場にたって応答することが重要である。この応対事例も代表的なもので，固定的なものと考えず，場面によって柔軟な対応が求められる職場であることを忘れないで欲しい。
「図書館の場所は？」
・最初に，どこから来るのかを確認する

・寒川駅から徒歩駅北口に降りて役場方面に歩く
　8分程度で右の方に見える4階建ての建物
・車の場合産業道路を来たら役場の交差点を駅方面に入る。駅方面に入ったらすぐに左に見える建物
・相手のわかる場所などを聞き出し適宜対応する
「駐車場は？，何台？」
・敷地内駐車場15台，内身障者用2台分，無料他に図書館北西側の町施設駐車場も利用できる
「休館日，開館時間？」
・開館時間火曜日～金曜日（平日）9:00～19:00
　土曜日，日曜日，祝日9:00～17:00
・休館日毎週月曜日（月曜日が祝日と重なる場合は開館）年末年始休館（12月29日から1月3日）
　特別整理休館（年間7日以内）
・図書館カレンダーを見て応答する
「自習室？，飲食は？」
・3階の学習室で自己学習ができる40席
・食堂や喫茶室はなく館内で飲食可能な場所は3階のふれあいコーナーと屋外庭園のみ
「インターネットは？」
・2階にインターネットコーナーがある
　18台の端末があり，1人30分開放できる
「督促葉書がきた？」
・申し訳ありませんと最初に付け加える
・利用券番号を聞き，延滞情報を確認する
・延滞であれば早めの返却促す
・行き違いであれば謝罪し返却済みを伝える
・プライバシー保護のため回答は原則本人に限る家族には書名以外は，伝える。
・本人の代理の場合（ヘルパー等）も回答可能
　この場合，確認のためかけ直すものとする
・トラブルに発展することもあるので慎重に対応する
「その本は返した！」
・申し訳ありません，調べますのでお時間を下さい
・状況により待たせるかかけ直すかの判断をする
・貸出記録や書架調査を行い確認する
・返却が確認できれば謝罪の上返却処理を行う
・返却確認できなければさらに調査することを述べる
　今後ご迷惑をかけないよう貸出は訂正いたしました後は，職員の方から電話することで終える
「貸出期間を延長！」
・利用券番号を聞き，貸出状況を確認する延長できれば延長処理をする新たな返却期限を伝える
・延長できない時はその理由を伝えること
　予約の資料，相互貸借の本は延長できない
・延長は1回限りとする
「本の予約をしたい！」
・予約のシステムを熟知しておくことが重要である
・予約の手続き方法を丁寧にお知らせする
　館内OPAC，ＷＥＢ予約，リクエストカード
・予約に関してのよくある質問として，予約の本はまだか，予約を変更したい，メールで連絡してほしい，

神奈川県寒川町立図書館カウンターマニュアル（抄）

予約をキャンセルしたい，予約の取り置き期間を延長したい，パスワードの登録はどうしたらいいか
「本を調べてほしい！」
・原則として電話を受けた職員が回答する
・難しい質問は職員に相談する
・検索方法について日頃のトレーニングが大切である
・難しいレファレンスは質問内容，連絡先を聞き折り返し回答とする
「視聴覚ブース予約！」
・予約は受けつけていません
・来館の上ご利用下さい
「会議室を借りたい！」
・外部への貸出はしておりません。ご理解下さい
図書館，役場，教育委員会主催事業に限っている
「お話し会はいつ？」
・毎週土曜日，11:00～11:30
・対象は2歳程度から小学校低学年ぐらいまで
「なくしてしまった！」
・紛失届けを出していただくようになります
・弁償になるかもしれませんが詳細は後日連絡します
「本を寄贈したい！」
・安易には受けられないので職員に回すこと
「呼び出してほしい！」
・申し訳ありませんと最初に述べる。他の利用者のご迷惑になるので，生命や財産に関わる緊急事態しか取り次げませんので，呼び出しはしておりません，ご了承下さい
4．資料の滅失・汚破損届け
※職員をお呼びください。職員が対応します。
(1) 滅失・汚破損資料と同一の資料で弁償してもらう（現金は受け取らない）（略）
「寒川総合図書館管理運営規則」（図書館資料の弁償）の引用（略）
(2) 弁償の基準（図書，雑誌，CD，DVD）（略）
(3) 弁償の手続き（略）
5．寄贈受付
※職員をお呼びください。職員が対応します。
(1) 寄贈受付の基準（略）
(2) 寄贈の手続き（略）
6．拾得物・遺失物の取り扱い
(1) 拾得物を見つけた時の処理（略）
(2) 拾得物の申し出があった場合の処理（略）
7．苦情や各種依頼事の受付
(1) 苦情，トラブルの対応
①苦情，トラブルの受付
・苦情の内容にきちんと耳を傾ける
・回答はわかりやすく簡潔に，説明責任を果たす
・窓口→職員→管理者の順で，それぞれの段階で責任をもって処理する
・対応が難しい場合は，役場に防犯アドバイザーもいるので相談する
・苦情，トラブルは職員にすみやかに報告する

②警察への連絡
・酩酊者，暴漢，痴漢等は，職員と対応し，必要に応じて警察に連絡する
・緊急の場合 110番
「こちらは寒川総合図書館です。館内に不審者がおり，危険な状況ですので至急来て下さい。私は図書館の○○です。電話は 75-3615 です」
・余裕がある場合茅ヶ崎警察署地域課（交番の所管課）TEL（略）
「こちらは寒川総合図書館です。館内で盗難が発生しましたので，至急来て下さい。私は図書館の○○です。電話は 75-3615 です」
(2) 館内のポスター，チラシ掲示の依頼
①ポスター，チラシは職員が管理するので，掲示依頼には職員が対応する
②ポスター，チラシの掲示，受入基準
・ポスターは，掲示場所が限定されるため，原則として国，県，町，教育委員会等公的な団体が主催，共催，後援するものを掲示する
・チラシに関しては住民自治，文化に寄与する図書館の役割を考慮し，国，県，町，教育委員会等公的な団体が主催，共催，後援するもののほか，町内の公民館等で活動する自主的な文化活動団体のチラシも受け入れる
③館内のポスターの譲渡
・申し出があれば，物によって，掲示期限後に先着順に譲渡して構わない
(3) 車椅子，拡大鏡の貸出
・申し出に応じ，貸出を行う
・障害者のための物と限定せず，みんなの物との視点で扱う
(4) 館内の撮影許可（略）
・文化庁の見解では，私的使用のための複製を認めている
・館外貸出後の私的コピーは，利用者責任であり図書館は関知しない
(5) 災害時（火災，地震）の対応
①現場の確認
・火災の場合は，現場の確認を行い，利用者の安全確保を優先する火災現場によって避難誘導路を確保し誘導避難を行う。階段部には防火シャッターが降りてくるので安全に誘導すること
・地震の場合は，現場の確認を行い，被害状況を確認する被害状況を職員に報告し，避難等の対策を行う
②火災通報や救急出動の要請
こちらは宮山 135-1 寒川総合図書館の○○で，館内で出火しました，館内に来館者があり，負傷者も○人いますので至急出動をお願いします。電話番号は 75-3615 です。
③館内放送
火事です，火事です，○階の○○で火災が発生しました，職員の指示に従って，落ち着いて避難してく

ださい
　8．業務の流れ
(1)　1日の業務の流れ　（略）
(2)　各階の業務内容　（略）
(3)　業務班の担当内容　（略）
(4)　週間の業務の流れ　（略）
(5)　月末，月初めの業務の流れ　（略）
(6)　年末年始の業務の流れ　（略）
(7)　蔵書点検　（略）

神奈川県寒川町立図書館カウンターマニュアル（抄）

索　引

BDS　22,93
Collection Development Policy　100
community information　66
community service　66
DAISY（Digital Accessible Information System，デイジー）　10,48,49
DAISY 図書　50,58
FabLab　95
FryskLab　95
Growing up digital　86
hackerspace　96
ICDH（International Classification of Impairments, Disabilities and Handicaps）　42
ICF（International Classification of Functioning, Disability and Health）　43
ILL　14,27
innovation space　96
iPhone　90
Lättläst　44
library makerspace　96
LL ブック　44,51
makersoace　95
MLA 連携　34
NACSIS-CAT　31
PLEXTALK（プレクストーク）　48,50
PTA 母親文庫　12,14
READ ポスター　28
SCORE　40
SIBL（Science Industry and Business Library）　37,40
sign　79
singularity（技術的特異点）　99
STEM（Science Technology, Engineering and Math）　96
teaching library　24
Web OPAC　32
webopac　21,93
web 予約　93
YA サービス　97

|あ|

アイデンティティ　69
新しいサービスの創造　95
アナン，コフィー　54
意思疎通　78,80
一般社団法人著作権情報集中処理機構　75
一般社団法人日本音楽著作権協会　75
移動工作室　96
移動実験室　96
移動体験教室　95,96
移動図書館　15,95
　　──ひまわり号　14
『いま図書館では』（1977）　43
医療・健康情報サービス　68,69
医療・健康情報支援　39
インターネット　22,86,93
インダストリー4.0　97
引用　75
映画のまち調布　68
営利を目的としない上演　76
閲覧申込　18
応接　79
横断検索　31,32
大阪市立生野図書館　61
大阪府枚方市立図書館　46
オークランド公共図書館　63
おはなし会　10,57
音声読み上げ装置　25
音読　88
音訳　57

|か|

外国語図書　62
外国人司書　11
改正著作権法　76
回想法　58
解説文字　44
外部化（outsourcing, アウトソーシング）　92
外部データベース　93
カウンター　79,81,84
カウンターマニュアル　84
学習障がい　45,48,50
学習スペース　25
拡大写本　51,57,58
拡大図書　77
拡大文字　44
貸出　18
課題解決支援　100
課題解決支援サービス　10,36,40,67-69,94
学校教育支援　39
学校図書館　45

学校図書館支援センター　33
学校図書館要覧　28
学校訪問　84
活動的な高齢者　55,56
活版印刷術　88
カーツワイル，レイ（Kurzweil, Ray 1948-）　97
神奈川県厚木市立中央図書館　61
神奈川県寒川町立図書館カウンターマニュアル　111
カーネギー，アンドリュー　7
紙芝居　58
館外貸出　19
患者会会報　69
間接サービス　8
漢点字　52
館内閲覧　18,19
館内パンフレット　82
看板　79
機能的非識字者（functional illiteracy）　52
教育機関における複製　75
教育機能　24,37
行政サービス　6
行政支援　39
矯正施設　63
矯正施設被拘禁者に対する図書館サービスのためのガイドライン　63
共生社会　61,62
矯正と図書館サービス連絡会　64
業務開発　40,80
教養書　36
協力レファレンス　31
金太郎飴　36
グーグル世代　87
苦情　80
グーテンベルク　88,89
汲み　80
クロスカルチュラルサービス（cross-cultural service）　62
群馬県大泉町立図書館　63
掲示　21,25,28,79
掲示収容施設及び被収容者等の処遇に関する法律（新監獄法）　64,106
ケータイ小説　89
月曜日の図書館　84
言語権　61
公益社団法人日本複製権センター　75
講演会　25,26
公共図書館　45
公共図書館における障害者サービスに関する調査研究　64
公共図書館における「予約業務」に関する実態調査報告書（1992）　19-20
講座　29
工作会　57
公衆送信権　74
合同研修　32
購入希望　20
公表権　73
広報　81,84
高齢化社会　39
高齢者　48
　　　──の社会参加　54
高齢社会対策大綱（2012）　54
高齢者サービス　10,40,54
『高齢者の学習・社会参加活動に関する国際比較調査』（1997）　55
「高齢者の日常生活に関する意識調査」　56
国際生活機能分類　43
国際図書館連盟（IFLA）東京大会　60
国立国会図書館　30
国立国会図書館サーチ　33
国立情報学研究所　27,33
個人貸出　14,15
子育て応援　69
子育て図書館　38
コミュニケーション　53,78,80,81,83-85,93
コミュニティサービス　66-68
コミュニティ情報サービス　66
『これからの図書館像』（2006）　10,94,100

|さ|

財産権（著作権）　73
在日韓国・朝鮮人　61
裁判員制度　39
サイン　21,25,28,79,82
サイン計画（sign system）　83
差し込み見出し　83
サービスポリシー　94
サービスマニュアル　84
視覚障がい　45,48
視覚障がい者　43,76
資格情報　25
色覚障がい　76
資源共有　31
試験問題としての複製　75
自習　16
肢体障がい　48
失語症　51
私的使用のための複製　75
自動貸出機／自動貸出装置　22,93
自動公衆送信　74

児童サービス　25,97
児童・YA サービス　10
自弁の書籍　64
字幕　26,45,77
『市民の図書館』(1970)　15,40
氏名表示権　73
弱視者　51
斜陽産業　95
羞明　51
出入国管理及び難民認定法　61
出版権　76
出版権制度　76
手話　26,44-46,49,50,77
『手話ごんぎつね』(2007 年)　50
上映権　74
上演権・演奏権　74
障害　48
障がい者　98
障害者権利条約　45,52
障害者サービス　10,42,48,53,61,76,97
障害者差別解消法　43,45
障害者の権利に関する条約　43,44
障害を理由とする差別の解消の推進に関する法律　45,101
情報提供機能　24,37
書架分類　8
処遇　79
触手話　49,50
書誌ユーティリティー　33,92
触覚　26
資料請求　18
資料提供　15
資料提供サービス　52
資料取り寄せサービス　26
シルバーサービス　97
シルバー支援　39
人工知能（Ai，Artificial Intelligence）　97
心身障がい　49
親切な態度　80
ストーリーテリング　10,25
スマートホン（スマートフォン；スマホ）　89,90
墨字訳サービス　52
3D プリンタ　95,96
成人サービス　10
精神障がい　50,51
清楚な身なり　80
世界知的所有権機関（World Intellectual Property Organization，WIPO）　48-49
席貸し　25
接客業者　79

接遇　79,81,93
セミナー　26,29
セルフサービス化（セルフ化）　16,22,93
総合目録　31,33
相互貸借　31,32
相互利用　31
蔵書構成　13
蔵書構成政策　8
側板見出し　83
組織化　9,31

|た|
大学図書館コンソーシアム連合　33
大活字本　51,58
第 52 回国際図書館連盟東京大会多文化社会図書館サービス分科会および全体会議決議　106
対象別の図書館サービス　9
代筆　52
対面音訳　52
対面手話　46,52
対面読書　52
対面朗読　25,46,52
耐用年数　13
第四次産業革命　97
宅配　58
楽しめる図書館　96,98
ダプスコット，ドン（Tapscott, Don 1947-）　86
多文化サービス　10,60,61,98
団体貸出　14,15
ダンベリー・コミュニティ・ネットワーク　66
地域情報サービス　66
地域情報データベース　67
地域のポータルサイト　68,69
地域を支える情報拠点　69
知的障がい　44,45,48,50,51
千葉県浦安市立図書館　36-37
仲介機能　27
『中小都市における公共図書館の運営』（「中小レポート」，1963）　13,19
聴覚障がい　45,49
聴覚障害者　77
聴覚情報　25
長寿社会における生涯学習の在り方について～人生 100 年いくつになっても学ぶ幸せ「幸福社会」(2012)　55
調布人間模様　69
調布の蔵　69
調布の戦争遺跡　69
直接サービス　8
著作権　73

索　引

　　——の保護期間　74
著作権処理　74
著作権処理済み　16
著作権法　16,27,43,45,48,50,72,107
　　——第37条　49
著作者　73
著作者人格権　73
著作物　72,73
吊り下げサイン　83
ディスレクシア　48,50
丁寧な言葉遣い　80
テクニカルサービス　8,9,92
デジタルイミグラント（digital immigrants）　87
デジタル読書革命　89
デジタルネイティブ（digital natives）　87
デジタル録音図書　77
『でたがりもぐら』（2010）　51
展示　25,29,83
点字　26,43,44,49,52
電子書籍（電子ブック）　22,76,89
電子書籍元年　89
点字資料　10
点字図書館　45
電子図書館　27
「点字図書・録音図書全国総合目録」データベース
　　33
点訳　57
同一性保持権　73
東京都調布市立図書館　68
東京都日野市立図書館　15,79,81
闘病記文庫　68
トーキングブック　25
読書革命　88,89
読書権　61
読書指導員　52
読書相談　27
特別養護老人ホーム　57
図書館案内　79,82
図書館運営の目標　85
図書館協力　30
図書館コーヒーハウス論　7
図書館コンソーシアム　33
図書館サービス　6,14,24,53,94,95,97
　　——の源泉　6
　　——の構造　8
　　——の領域　8
図書館システム　30
図書館実習　80
図書館新聞　28
図書館相互貸借　14,27

図書館友の会　81
図書館における複製　76
図書館ネットワーク　30,31
図書館の機能　24
図書館の三大構成要素　7,15
図書館の設置及び運営上の望ましい基準　34
図書館報　28,82
図書館法　12
「図書館法」（1950）　15
　　——第3条　34
　　——第8条　32
図書館奉仕　12
図書館利用教育　21
鳥取県立図書館　69

|な|

納得　79
ナビゲーター　22
難聴者　50
二次的著作物　72
『2005年の図書館像』（2000）　27
日本語対応手話　50
日本手話　46,50,52
ニューヨーク州ファイエットビル公共図書館　96
認知症　51-52,58
ネットジェネレーション　86

|は|

派遣研修　32
初めての来館者　78
バックヤードツアー　84
発信型図書館　27
発達障がい　48,51,76
「場」としての空間　94
場としての図書館　11,56
場の演出機能　8,24,98
パブリックサービス　8,9,92
パラダイムシフト　40,96
バリアフリー化　56
頒布権　74
『ひかりの二じゅうまる』（2010）　51
ピクトグラム　53
被拘禁者取り扱いのための標準最低規則　63
ビジネス支援　38,40,40
ビジネス支援サービス　69
ビジネス支援図書館推進協議会　37
非正規職員　93
標識　79
非来館者サービス　26,94
福岡県久留米市図書館　32

複製権　73
複本　20,36
ブックトーク　10,25,84
プライバシー　81
プレイルピンディスプレイ　49
プレンスキー，マーク（Prensky, Marc 1946-）　87
フロアワーク　81
文化享有権　61
文学書　36
文化的少数者　60
文教施設　36,37
文献複写　31
文献複写サービス　27
分担収集　31
分担保存　32
分担目録作業　31
平易な言葉　44
ペッパー　98
ベビーブーマー　86
編集著作物　72,76
法務情報支援　39
法律情報・困りごと支援　69
補充冊数　13
ポスター　25,28
ポータルサイト（portal site）　70
ホームページ　21,28,81,82
翻案　45

| ま |

マイノリティ　60,61
前川恒雄（1930-）　14
マジョリティ　60,62
マラケシュ条約　49
満足　79
『まんねんくじら』（2010）　50
ミッションステートメント　85
むすびめの会（図書館と在住外国人をむすぶ会）　63
無料貸本屋　15,17,79
メディアの多様化　15
メディアミックス　89
面出し展示　83
盲ろう　50
黙読　88

| や |

夜間会館　38

役に立つ図書館　94
山梨県の山中湖情報創造館　98
ユネスコ『公共図書館宣言』（1994）　42
指点字　49,105
指文字　104
要介護等（など）の高齢者　55,57
読み上げソフト　49
読み書き障がい　50
読み聞かせ　25,84
予約　20-22
予約マニア　21
夜の怪談ツアー　29

| ら |

来館　21
来館者　83
来館者・非来館者　82
来館前　78,79
ライブラリアンシップ　8
ランドマーク　7
リクエスト　20
リクエストサービス　14
リクエスト制度　15
リザーブ　20
リソースシェアリング　31
利用案内　21
リライト　45,51,52
リンク集　67,70
レーザーカッター　95
レクリエーション　94,96
レファレンスインタビュー　26
レファレンス共同データベース　33
レファレンスサービス　26,97
レフェラルサービス　26
連携・協力　30
連見出し　83
ろう　46,47,50,51
朗読　44
録音図書　58,77
ロボット　97
ワトソン　97
学びのための学習（learning for learning's sake）　96
福祉情報支援　39

<監　修>

二村　　　健（にむら・けん）　第6・14章・15章3・4節
　図書館情報大学大学院図書館情報学研究科（修士課程）修了。九州大谷短期大学を経て，現在，明星大学教育学部教授。公益社団法人全国学校図書館協議会理事。
　主な著書：『情報メディアの活用』（監修編著，学文社），図書館が大好きになる　めざせキッズ・ライブラリアン（全3巻）』（鈴木出版，監修），『IFLA学校図書館ガイドラインとグローバル化する学校図書館』（監訳，学文社）など。

<編著者>

平井　歩実（ひらい・あゆみ）　第1章1～3節・第4・13章
　図書館情報大学大学院修了，福岡県立大学，関西女学院短期大学を経て，現在，明星大学教育学部教授。
　主な著書：『情報メディアの活用』（共著，学文社），『学校図書館メディアの構成〈シリーズ学校図書館学2巻〉』（全国学校図書館協議会編），『児童サービス論〈ベーシック司書講座7巻〉』（編著，学文社）など。

<著　者>

佐藤　毅彦（さとう　たけひこ）　第1章4・5節・第2・3章・第15章1・2節
　甲南女子大学教授

下川　和彦（しもがわ　かずひこ）　第5章
　久留米大学非常勤講師

山内　　薫（やまうち　かおる）　第7・8・9章
　元墨田区立図書館員，現NPO法人弱視の子どもたちに絵本を

小林　　卓（こばやし　たく）　第10章
　元実践女子大学

鈴木　亮太（すずき　りょうた）　第11章
　元法政大学兼任講師

竹之内　禎（たけのうち　ただし）　第12章1～4節
　東海大学准教授

長谷川昭子（はせがわ　あきこ）　第12章5～8節
　日本大学非常勤講師

（※執筆順，所属は2017年12月現在）

［ベーシック司書講座・図書館の基礎と展望6］
図書館サービス概論

2018年3月1日　第1版第1刷発行
2021年1月30日　第1版第3刷発行

監修　二村　　健
編著者　平井　歩実
　　　　二村　　健

発行者　田中　千津子　　〒153-0064　東京都目黒区下目黒3-6-1
　　　　　　　　　　　　電話　03（3715）1501㈹
発行所　株式会社学文社　FAX　03（3715）2012
　　　　　　　　　　　　http://www.gakubunsha.com

Ⓒ Ayumi Hirai／Ken Nimura 2018

印刷　倉敷印刷

乱丁・落丁の場合は本社でお取替えします。
定価は売上カード，カバーに表示。

ISBN978-4-7620-2196-1